．

김병완의 성공과 행복 시리즈 3부작 1권

제목: 출이반이(出爾反爾)의 법칙

부제: 행복은 내가 보낸 그대로 돌아온다.

구제를 좋아하는 자는 풍족해질 것이요, 남을

윤택하게 하는 자는 자기도 윤택해지리라

(잠언 11:25)

우리나라는 과거 어느 때보다 가장 풍요롭고 화려한 시대를 열어 가고 있다. 하지만 우리 삶의 질과 모습을 비추어 볼 수 있는 사회 지표들은 어둡기 짝이 없다. 이혼율과 자살률만 봐도 그렇다.

경제 성장에 성공한 한국 사회가 왜 이렇게 삶의 질적 측면에서 실패하고 있을까? 그것은 성공적이고 행복한 삶에도 그에 합당한 기술이 필요하다는 사실을 간과했기 때문이다. 그런 점에서 성공과 행복에 관한 기술은 존재한다고 말할 수 있다.

돈을 버는 기술은 지금 난무하고 있다. 돈을 많이 벌고, 승진하고, 높은 지위를 갖추는 것에 대한 기술과 방법을 알려 주는 책은 차고 넘치며, 그러한 책들만 집중적으로 보는 사람들도 많아지고 있다. 그러나 참된 성공과 행복한 삶을 살기 위해서는 또한 행복해지는 기술과 성공적인 삶을 살아가는 기술을 알아야 하고, 지속적으로 향상시켜 나가야만 한다.

세상에는 공짜가 없다. 행복한 삶을 살기 위해서는 행복의 기술을 익혀야 하고, 성공적인 삶을 살기 위해서는 성공의 기술을 배우고 익혀야 한다. 인생에는 정답이 없듯, 행복한 삶과 성공적인 삶에 대해서도 정답은 없다. 다만 좀 더 나은 성공과 행복에 대한 기술은 충분히 발견하고, 연습하고, 지향할 수 있다. 그러한 연습을 통해 행복과 성공의 기술을 익힐수록 더욱더 행복하고 성공적인 삶을 살아갈 수 있다. 성공과 행복은 결코 저절로 오지 않는다. 여기서 한 가지 문제는 한 개인의 삶의 경험이나 지식, 사고는 매우 한정적이기 때문에, 성공과 행복의 기술이 이 땅에 존재한다고 할지라도, 정확히 찾아낼 수 없다는 사실이다. 그렇다면 어떻게 해야 할까? 현인 중에 한 명인 소크라테스의 말을 빌려 보자.

"남의 책을 많이 읽어라. 남이 고생하여 얻은 지식을 아주 쉽게 내 것으로 만들 수 있고, 그것으로 자기 발전을 이룰 수 있다."

그렇다. 타인의 책을 엄청나게 많이 읽고, 그것을 통해 엄청난 발전을 이루어 내면 성공과 행복의 기술을 정확히 찾아낼 수 있다. 그러한 생각으로 다니던 직장을 그만두고 조용한(?) 지방에 내려와 3년 동안 도서관에만 처박혀 목숨을 걸고 책을 읽었다. 3년 동안 책을 읽다 보니 책의 고수가 되었다. 누구라도 그렇게 책을 읽으면 독서 고수가 될 것이다. 읽다 보니 처음에는 한 권의 책을 읽는 데 며칠이 걸렸지만, 이제는 한 권의 책을 읽는 데 30분이면 충분하게 되었다. 하루 열 권 이상의 책을 거뜬히 독파할 수 있게 되었고, 일 년이면 대략 3,000권을, 3년이 되니 대략 9,000권의 책을 읽은 것이 되었다. 지금은 만 권의 책을 충분히 독파했다고 여겨진다.

책의 위력은 실로 엄청났다. 그 어떤 바보라도 한 달에 서너 권의 책을 쓸 만큼의 다작가로 도약하게 만드는 것이 수만 권 책의 위력임을 필자는 몸소 체험했다. 3년 전에는 책 한 권이 아니라 문장 하나도 제대로 만들지 못했던 둔재가 이제는 안에서부터 책들이 넘쳐흐르는 기이한 현상을 경험했다. 오히려 몸이 더 이상 받쳐 주지 않는다는 사실도 알게 되었다. 하루에 열 시간이고 열다섯 시간이고 계속 쓸 수 있지만, 몸의 여기저기서 난리가 나기 때문이다.

만 권의 책을 읽어 보지 않은 사람은 만 권의 책을 읽은 사람에게 생기는 놀라운 의식과 사고의 팽창을 이해하지 못한다. 그것은 대학교를 다녀 보지 않은 사람이 대학교 생활에 대해 잘 모르거나, 혹은 군대를 가보지 않은 여자들이 군대에서 3년 동안(필자가 다녔을 때는 3년 가까운 30개월이었다) 인생의 진수를 느끼고 정신적으로 성장하는 남자들을 이해할 수 없는 것과 마찬가지이다. 만 권의 책을 읽은 두 명의 선배에게 그 놀라운 경험을 들어 보자. 중국의 시성 두보杜甫와 추사 김정희 선생이다.

중국 최고의 시인으로 시성이라 불렸던 두보는 '만 권의 책을 읽으면 글을 쓰는 것도 신의 경지에 이른다讀書 破萬卷下筆 如有神'라고 말한 바 있다. 평생 글쓰기에 대한 교육을 받은 적이 없고, 그쪽 분야의 전공과 전혀 상관이 없는 평범한 공학도에 평범한 직장인으로, 이제 머리가 굳을 만큼 굳은 중년의 나이에 다양한 분야의 책을 써낼 수 있는 사람으로 성장할 수 있었던 것은 오롯이 만 권의 책의 위력임에 틀림이 없다.

추사 김정희 역시 '만 권의 책을 읽으면 그림과 글이 절로 나온다'라고 말한 바 있다. 이 말이 거짓이 아니라 진실임을 알게 되었다. 필자는 만 권의 책을 읽은 후 글을 쓰지 않고는 버틸 수 없는 강력한 글쓰기 욕망을 체험했기 때문이다. 뿐만 아니라, 도저히 컴퓨터 자판을 두드리는 속도가 따라오지 못할 정도로 내면에서 글이 뿜어져 나오는 경험을 너무나 자주 했다.

이 책도 필자의 경험의 소산물이다. 만 권의 책을 통해 얻게 된 성공과 행복의 기술을 함께 나누기 위해 이 책을 썼다. '대부분의 사람은 행복해지려고 결심한 만큼 행복해진다' 는 링컨의 말처럼, 우리는 행복해지려고 결심하고 노력한 만큼 행복해질 수 있다. 성공하려고 결심하고 노력한 만큼 성공할 수도 있다. 이 책은 그렇게 결심하고 노력하는 사람들을 위한 책이다.

목차

"너에게서 나간 것은 너에게로 돌아온다

出乎爾者反乎爾者也." ― 맹자

제1장. 출이반이 出爾反爾 I _ 내게서 나간 것은 그대로 되돌아온다.

내가 소유한 것이 아니라, 내가 행하는 것이 곧 내 삶을 결정한다. - 토머스 칼라일

인간의 행복은 90%가 인간관계에 달려 있다. - 쇠렌 키르케고르

서로에게 더 살기 좋은 세상을 만드는 것이 아니라면 우리는 왜 사는가? - 조지 엘리엇

남에게 베풀기를 좋아하는 사람이 부유해지고, 남에게 마실 물을 주면 자신도 갈증을 면한다. - 솔로몬

내 생애에 행복한 날은 단 6일밖에 없었다. - 세상을 정복하고도 불행했던 나폴레옹

– 인류 역사상 가장 많은 부를 차지한 민족

인류 역사상 가장 많은 부를 차지했고, 아직도 차지하고 있는 민족이 누구인가? 미국의 금융을 움직이고, 세계의 부와 권력을 쥐락펴락하는 민족이 누구인가? 지난 세기 동안 세계를 움직인 거인들을 가장 많이 배출한 민족이 누구인가? 인구 대비 역대 노벨상 수상 비율이 가장 높은 민족이 누구인가? 미국에서 최고의 부자들 중에 30%는 누구인가? 하버드 대학을 비롯한 미국 명문대의 학생 비율이 거의 30%대를 유지하는 민족은 누구인가? 이 모든 수식어의 정답은 바로 유태인이다.

과연 어떠한 비밀이 있기에 유태인들은 세계의 부를 끌어 모으고 있는 것일까? 또한 다양한 분야에서 너무나 큰 성공을 하는 것일까? 물음에 답하기 위해 유태인들이 지닌 3,000년의 지혜와 성공의 비밀을 연구하는 학자들이 꽤 많다. 학자들은 다양한 비밀들을 각각 주장하고 있지만, 언제나 공통적으로 귀결되는 결론이 하나 있다. 바로 유태인들만이 가지고 있는 사고방식과 전통이다. 그들이 가지고 있는 전통적인 사고방식은 '혼자가 아니라 서로 함께 도와주고 베풀어야 잘살 수 있다'는 사고이다.

동양에서는 한마디로 출이반이出爾反爾라고 하기도 한다. 우리에게서 나간 것은 반드시 똑같은 것으로 우리에게 돌아온 다는 뜻이다. 우리가 타인에게 돈을 주면 결국 다시 돈이 들어 오게 되는 것이다. 우리가 사랑을 베풀면 똑같은 사랑을 우리 가 받게 되는 것이다. 이것이 '출이반이'이다. 유태인들은 이 러한 정신을 뼛속 깊이 깨닫고 있었고, 직접 삶에 실천했던 것 이다. 즉, 유태인들은 선행을 위해 기부를 하기도 하지만, 더 큰 부를 얻기 위해 기부를 한다는 놀라운 사실이다. 이론에 그치는 망상이나 도덕 교과서의 얘기, 탁상공론적 주장이 아니라 실제 로 인류와 유태인들의 오랜 역사를 통해 검증된 결과이다.

오랫동안의 박해와 어려움 속에서도 유독 유태인들은 어디 에 가도 성공을 했고, 부를 모았고, 큰 부자들이 되었다는 사실 은 역사가 증명해 주고 있다. 그러한 유태인들의 독특한 특성은 바로 서로 도와준다는 사고방식이다. 하물며 유태인들은 가난 한 시장 상인들조차도 자신들이 팔던 물건 중에 일정 부분은 길 거리에 내놓아 가난한 사람들이 먹고살 수 있도록 선행과 사랑 을 베푼다. 베풂과 나눔의 원칙은 유태인들에게 가장 중요한 삶 의 원칙 중 하나였다. 이러한 원칙들이 발판이 되어 유태인들은 그토록 많은 부를 축적할 수 있었다.

유태인들의 정신 속에 흘러 내려오는 전통적인 사고방식은 '돈을 기부하고 내놓으면 더욱더 잘 살게 된다' 라는 것이다. 오랜 연구 끝에 유태인들의 사고방식을 과학적으로 밝힌 사람이 《부의 비밀》이란 책의 저자인 다니엘 라핀이다.

라핀은 오랫동안 유태인들의 사고방식과 부의 비밀을 연구한 결과, '돈을 더 많이 벌기 위해서는 단순히 열심히 일하고 새로운 기술을 배우는 것만으로는 안 된다. 그러한 차원을 훌쩍 뛰어넘어 자기 자신이 온전하게 변화되고 달라져야 한다'고 주장한다. 무엇보다 부자들, 특히 유태인들은 과거의 편협하고 이기적인 사고방식에서 초월하여 자신의 이기심과 욕심을 넘어서는 사고방식을 가지게 되었다. 실제로 그렇게 될 때 비로소 부가 모여들어 세계적인 부자가 되었다는 사실들을 저자는 다양하게 증거를 제시하면서 밝혀냈다. 저자는 사고방식의 개혁을 이룬 사람은 부가 따라온다는 것, 사고방식의 변혁을 온전하게 잘 이룬 사람에는 유태인들이 많다는 것, 그렇기 때문에 부자가 된 유태인이 많다는 것을 주장하고 있다.

유태인들의 사고방식이 개혁 가능했던 이유가 있다. 유태인들에게는 어릴 적부터 배우고 느끼고 체험하게 되는 세상의 실제 작동 원리, 비밀, 이치를 깨닫게 해주는 책인 《토라》와

《탈무드》가 있다. 그 책들을 통해 그들은 남다른 생각과 사고 방식을 가지게 되는 사람으로 탈바꿈한다. 탈바꿈을 통해 세상의 작동 원리와 부의 비밀을 깨달았고, 그로 인해 다른 민족들과 다르게 독특한 사고를 할 수 있는 민족이 되었다. 세상에 존재하지 않던 수많은 새로운 것들을 창안하고 창조한 사람들 중에 그토록 유태인이 많은 이유이다.

유태인들은 탁월한 전략가들이다. 그들의 탁월하고 독특한 사고방식의 근저에 깔려 있는 사상은 바로 숭고한 나눔의 사상이다. 전통적으로 내놓는 문화, 즉 기부 문화가 수천 년 동안 이어져 온 민족이 바로 유태인들이었다. 자선과 선행을 나타내는 히브리어인 '세다카' 정신은 급기야 유태인들에게 더욱 큰 부를 가져다주는 도화선이 되었다.

그들의 사고방식 근저에 흘러 내려오는 사고는 서로 함께 교류하고 정보를 전달할 수 있는 기회가 많을수록 참여한 모든 사람의 부가 동반 상승하며, 시너지 효과를 통해 부가 창출된다는 것이다. 그래서 그들에게는 언제나 '친구를 많이 사귀고 도우려고 애쓰라', '인간관계를 성공과 출세의 도구로 삼지 말라', '순수하게 타인을 위해 애쓰고 도움을 주라', '타인에게 많이 베풀라. 그러면 더욱 많은 것을 받을 수 있다'는 사고들이 깔려 있다.

　유태인들의 사고방식은 돈이 흐르는 원리와 일맥상통한다. '돈을 내놓으면 말할 수 없이 큰 기쁨과 보다 큰돈이 흘러 들어온다'는 사실이다. 인류의 최고 베스트셀러이며 지혜와 진리가 담겨 있는 《성경》 말씀에도 자기 재산의 십 분의 일을 헌금하는 자는 반드시 30배, 혹은 60배, 혹은 100배가 넘는 넘치는 복으로 다시 받게 된다고 하고 있다. 그러한 사실을 증명해 주는 역사적 근거가 수도 없이 많으며, 가깝게는 우리 주위에 십일조를 통해 부자가 된 사람들이 의외로 많다. 멀게는 세계 최고의 부자 역시 이러한 사람들이다.

　시대적인 상황과 통용 재화의 양을 상대적으로 비교해 보면 세계 최고의 갑부는 록펠러이다. 그는 십일조를 통해 세계 최고의 갑부와 함께 행복한 사람이 될 수 있었다. 사실 그는 53세에 세계 최고의 갑부가 되었지만 행복하지 않았다고 한다. 설상가상으로 몇 년 후에 불치병에 걸려 시한부 선고를 받게 되었다. 아무리 많은 돈을 소유하게 되었다 해도 그는 행복한 삶을 살아오지 못했고, 불치병으로 인해 생을 마감해야 했다. 그는 이제까지 자기 자신만을 위해 돈을 벌었지만, 죽으면 그 재산이 모두 소용이 없다는 것을 깨닫게 되었다. 그에게 깨달음을 전해

준 결정적인 계기는 바로 최후 검진을 위해 휠체어를 타고 갈 때 병원 로비의 벽에 걸려 있던 글귀였다. 그 글귀를 보는 순간 한없는 후회를 하면서 눈물을 흘리며, 남에게 기쁨을 주고 베풀면서 살아야겠다고 결심하게 되었다.

그는 그 후로 나눔과 베풂의 삶을 실천했고, 남을 행복하고 윤택하게 하는 데 누구보다 앞장섰다. 그 결과 그의 불치병은 기적처럼 완치가 되었고, 98세까지 장수하며 사회에 많은 기여를 하며 살았다. 그는 자신의 회고록을 통해 '인생의 전반기 55년은 쫓기면서 살았지만, 후반기 43년(나눔과 베풂을 실천하기 시작한 후의 삶)은 정말 행복하게 살았습니다'라고 증언했다.

그는 자신이 은밀하게 처음으로 도와준 소녀가 기적적으로 회복된 모습을 조용히 지켜보면서 너무나 큰 기쁨과 행복감을 느꼈다. '나는 살면서 이렇게 행복한 삶이 있는지 몰랐습니다'라고 표현하기까지 했다. 세계 최고 갑부의 삶을 통해 행복한 삶이 성공한 삶보다 더 나은 삶이라는 사실과 참된 행복은 소유가 아니라 나눔에 있다는 사실을 우리는 깨칠 수 있다. 록펠러로 하여금 참된 행복의 길로 갈 수 있게 해준 결정적인 글귀는 이것이었다.

"주는 자가 받는 자보다 복이 있나니……."

이러한 진리를 삶에 실천하자 불치병도 나았고, 돈은 많아도 참된 행복을 몰랐던 그가 참된 행복의 삶을 살게 되었다.

지혜의 왕 솔로몬도 잠언에서 '구제를 좋아하는 자는 풍족해질 것이요, 남을 윤택하게 하는 자는 자기도 윤택해지리라 (잠언 11:25)'라고 말했다. 움켜쥘수록 많은 돈을 벌 수 없고, 그 움켜쥔 것조차 썩어 버리기 때문에 가난하게 된다는 진리이다. 반드시 구제를 좋아하는 자는 풍족하게 될 것이다.

나눔과 베풂이라는 사고방식과 함께 유태인들의 성공과 부에 가장 큰 영향을 끼친 전통적인 습관이 있다. 바로 사바스 Sabbath라는 안식일 제도이다. 유태인들은 과거부터 현재까지 일주일 중 하루는 반드시 안식일로 삼아 소중히 여기고 즐기는 제도가 있다. 이날은 금요일 저녁부터 토요일 저녁까지로, 철저하게 가정 중심의 날이기도 하다. 아무리 바빠도 이날에는 절대 일과 관련된 이야기를 하지 않고, 일과 관련된 책이나 편지도 읽지 않는다. 오직 집에서 가족이 함께 세 끼 식사를 하고, 기도하고, 배우고, 노래 부르고, 대화하고, 자녀들에게 지혜의 보고인 《탈무드》와 《토라》 같은 경전을 읽어 주며 전수한다.

인간관계의 가장 근본은 바로 가정이다. 가족 관계가 잘 형성된 사람들은 사회에서도 동일하게 될 수밖에 없다. 유태인들은 일주일 중 하루인 이날은 반드시 온 가족이 함께 세 끼의 식사를 하며, 인간관계의 기본을 배우고 실천한다. 사바스 제도를 통해 유태인들은 인간관계의 원리와 원칙을 알게 되고, 또한 사회생활로 이어진다. 그 결과 유태인들은 세계 최고의 부자 집단, 두뇌 집단이 될 수 있었다.

　　이와 상반된 결과도 있다. 똑같은 휴일을 보냈지만 멸망해 버린 로마인과 그리스인들을 살펴보자. 그들은 휴일을 인간관계의 핵심인 가족 관계를 개선하고 향상하는 데 집중하지 않았다. 오직 개인의 쾌락과 즐거움, 향락을 위해 보냈다. 그래서 결국 망하게 되었다고 보는 학자들의 주장이 많다. 필자 역시 전적으로 동의하는 입장이다. 수천 년 동안 박해와 핍박을 받은 유태인들이 세월이 가면 갈수록 세상의 부와 권력과 성공을 쓸어 담은 이유와 비밀은 바로 사바스와 같은 전통적인 인간관계 중심의 삶 때문이다.

– 인생에서 가장 행복한 순간이란?

　최고 강대국 미국의 대통령을 지낸 사람을 통해 인생의 참다운 성공과 행복은 무엇인지 알아보자. 미국의 역대 대통령 중 한 명인 지미 카터는 텔레비전 인터뷰를 통해 의미심장한 말을 남겼다. 가장 행복한 날이 언제였냐고 묻자 그는 서슴지 않고 '내게 가장 좋은 시절은 백악관을 떠난 뒤 즐겁게 지내고 있는 바로 이 순간입니다'라고 말했다. 수많은 사람은 성공했을 때나, 높은 지위에 올라갔을 때 가장 행복하고 좋을 것이라고 생각하겠지만, 정작 제일 높은 지위 중 하나인 미국 대통령을 지낸 카터는 '지금이 인생에서 가장 행복한 순간'이라고 말했다. 과연 무엇이 그로 하여금 가장 행복하고 좋은 순간이 지금이라고 생각하게 만든 것일까?

　그 이유는 바로 그가 퇴임 후 벌이고 있는 다양한 헌신과 베풂 때문이다. 그는 사실 재임 기간 동안 가장 무능한 대통령으로 평가받았다. 대다수의 국민들이 20세기 최악의 대통령으로 손꼽을 정도로 실패한 대통령이었다. 하지만 그는 참된 행복과 성공, 의미 있는 삶은 자신에게 집중하는 것이 아니라, 지구상에 있는 가난하고 소외된 자들을 행복하고 윤택하게 하는 것에 달려 있다고 믿었다. 그것이 자신이 퇴임 후에 해야 할 소명이라고 생각했다.

　그는 카터재단을 설립하여 다양한 봉사와 나눔을 실천했다. 질병 퇴치 활동 등을 통해 제3세계 빈민층이 행복하고 윤택해지게 노력했다. 뿐만 아니라, 분쟁 지역을 찾아다니면서 평화 분위기를 조성하거나, 분쟁 조정자의 역할도 서슴없이 하였다. 특히 집 없는 이들을 위한 집 짓기 운동인 '해비타트 Habitat' 운동을 전 세계로 확산시킨 장본인이기도 하다. 그러한 여러 가지 공로로 그는 노벨 평화상도 수상하게 되었다.

　무엇보다 그는 미국 역사상 가장 빛나는 전직 대통령 가운데 한 명으로 존경받으며 참된 성공과 행복, 의미 있는 삶을 살아가고 있는 사람이 되었다. 지미 카터 전직 대통령의 인생을 통해 볼 때, 참된 성공과 행복은 세상의 높은 지위가 아니라 타인을 행복하고 윤택하게 하는 것임을 확실히 알 수 있다.

　직장에서도 그대로 적용이 된다. 필자는 대기업 연구원으로 첫 사회생활을 시작한 적이 있다. 국내에서 가장 똑똑한 젊은이들이 많이 모이면서 수천 명 동기들의 인적 네트워크가 자연스럽게 형성된다. 동기들끼리는 누가 일을 잘하고 능력이 뛰어난지, 누가 일을 못하는지, 누가 성격이 좋은지, 누가 어떠한 특징이 있는지 상사나 선배 들보다 잘 알고 있다.

십 년 넘게 대기업에서 생활하면서 필자는 수천 명이나 되는 동기 중에 정말 탁월한 능력을 갖고 있는 동기들도 몇 년 안에 회사를 포기하는 사람들이 많다는 것을 알게 되었다. 회사를 포기하고 나가는 동기들을 너무나 많이 봤는데, 그중에 80% 정도는 대인 관계에서 실패했기 때문이었다. 가장 힘든 것이 상사와의 상습적인 갈등, 동료들과의 원만하지 못한 관계였다. 정말 재능이 뛰어난 동기들이 입사한 지 몇 년도 안 되어 회사를 그만두는 이유가 거의 모두 그랬다. 즉, 회사에서 크게 성공하기 위해 가장 필요한 요소는 재능이나 능력이 아니라, 원만한 대인 관계라는 것이다. 동기들 중에 십 년 이상 회사 생활을 장기적으로 하며 대체로 만족스러워하는 동기들은 모두 원만한 인간 관계를 형성하는 데 뛰어났다.

캠벨이라는 심리학자의 연구가 있다. 처음에는 기업체의 유망주로 주목받지만 중도에 실패한 사람들의 공통점을 연구했다. 실력은 있는데 회사에서 성공하지 못하고 중도에 실패했던 사람들은 모두 하나같이 인간관계가 좋지 못했다는 사실을 그는 밝혀냈다.

대졸자 취직과 경력 관리를 전문으로 하는 오스트레일리아의 비영리 기관인 GCAGraduate Careers Australia에서 2006년 연구 조사한 결과, 고용주들이 가장 선호하는 능력은 대인 관계 및 의사소통 기술이었다. 대인 관계 및 의사소통 기술 58%, 학위 34%, 경력 26%, 리더십 기술 18%이고, 나머지 순위들은 열정, 업계 지식, 추진력 등이 차지하고 있었다. 고용주들은 자신의 회사가 성장하고 번성하기 위해 가장 필요한 것은 직원들끼리의 좋은 인간관계와 그것을 형성하기 위해 필요한 의사소통 기술이라는 사실을 누구보다 잘 알고 있다는 의미이다.

가장 좋은 의사소통은 말재주나 얄팍한 스킬, 아부가 아니다. 상대방을 진심으로 생각하고, 배려하고, 베풀고, 도와주려는 이타적인 마음이라는 것을 명심해야 한다. 대인 관계와 상대방에게 베풀고 도와주려는 이타적인 마음은 직장 생활을 성공적으로 할 수 있는 기술이다. 아울러 직장 상사와 고용주들이 가장 선호하는 능력이라는 사실을 명심하자.

- 일 잘하는 당신이 성공하지 못하는 이유

《일 잘하는 당신이 성공을 못하는 20가지 비밀》의 저자인 마셜 골드스미스는 자신의 저서를 통해 직장과 같은 조직에서는 단지 실력만으로 성공하지 못한다는 사실을 정확히 지적했다. 일을 잘하고 실력이 있어도 결국 직장에서 성공하여 높은 자리까지 올라가는 사람에게는 실력보다 중요한 요인이 있으며, 직장에서 실패하는 것도 그만 한 요인이 있다고 말한다.

저자는 성공을 위해서 하지 말아야 할 치명적인 실수를 20가지를 제시한다. 그중에는 인간관계와 관련된 사항이 압도적으로 많다. 지나친 의견 추가하기, 쓸데없는 비평, 파괴적인 말, 부정적 표현, 잘난 척하기, 반대 의견, 정보의 독점, 인색한 칭찬, 남의 공 가로채기, 변명, 평계, 사과하지 않기, 경청하지 않기, 감사하지 않기, 엉뚱한 화풀이, 책임 전가, 자기 미화 등 모두 남보다 자신을 먼저 생각하는 이기적인 마음과 욕심에서 비롯된 것이다. 동료와 타인에게 먼저 칭찬을 베풀고, 의견을 존중해 주고, 정보를 나누어 주고, 자신보다 동료에게 많은 공을 주는 등의 행위를 하면 성공할 수 있다는 결론이다.

필자의 실제 경험과 전문가의 주장, 여러 연구 사례들을 종합해 볼 때, 직장 생활에서 가장 중요한 성공 요인은 실적이나 업적이 아니라 인간관계라고 확실하게 말할 수 있다. 그러한 인간관계의 정수는 바로 타인을 행복하게 해주려는 마음과 행동이다.

상사를 행복하게 해주기 위해 최선을 다해 일하는 것과 자신이 출세하기 위해 열심히 일하는 것은 차원과 의도가 다르고, 도달하는 목적지도 다르다. 전자는 사랑과 헌신이라는 긍정적인 마인드로 시작하기 때문에 놀라운 에너지와 힘이 발산된다. 후자는 자기 자신의 이기심과 출세를 위한 것이기 때문에 욕심과 집착이라는 마인드로 가득 차 있다.

최근 연구 결과, 사랑과 헌신이라는 긍정적인 마인드를 가지고 생각하거나 일할 때에 놀라운 힘과 에너지가 나오고, 힘이 세지고, 지칠 줄 모른다는 사실이 밝혀졌다. 누가 더 일을 열심히 하고 잘할 것 같은가? 당연히 전자이다. 동료와 후배들을 위해 일을 대신 해주고 어려움을 해결해 주는 행동을 하면, 그 사람은 직장에서 없어서는 안 될 사람으로 평가받게 된다. 결국 그 사람이 직장 생활을 보다 알차게 잘할 수밖에 없다.

이러한 사실을 정확하게 꼬집어 낸 보고서가 있다. 세계적인 마케팅 전략가 중 한 명인 세스 고딘이 쓴 《세스 고딘 보고서》이다. 그는 미국 전역의 중간 관리자와 최고 경영자 2만 명을 대상으로 설문 조사를 실시하였다. 그 설문 조사의 결과를 보고서로 엮었다. 설문 조사 결과, 수많은 사람이 중요시하고 있는 창조성, 동기 부여 같은 항목들은 덜 중요한 것으로 드러났다. 오히려 윤리, 팀워크처럼 인간관계와 밀접한 관련이 있는 미덕들이 높은 점수를 받았다. 구체적으로 순위를 살펴보면 윤리 49%, 팀워크 38%, 정직 36%, 호기심 35%, 근면 27%, 지혜 26%, 동기 부여가 겨우 22%, 유머 16%, 주도권 16%, 창의성 15%로 미국의 관리자들과 경영자들이 각 미덕을 평가하는 것으로 나타났다.

직장에서 성공하고 싶은 사람이나 상사로부터 높은 평가를 받고 싶은 사람들은 창의성보다는 팀워크에 주력하는 것이 유리하다. 주도권보다는 정직하고 윤리적인 사람, 즉 인간성이 돋보이는 사람이 되어야 한다. 무엇보다 팀워크를 좋게 하는 사람은 자기 자신만을 생각하는 사람이 아니라, 먼저 타인을 행복하고 윤택하게 해주는 사람임에 의문의 여지가 없다.

직장에서 성공하는 원리는 연봉하고도 매우 밀접한 관련이 있다. 직장에서 성공한 많은 사람들은 하나같이 자기가 받는 월급이나 연봉보다 더 많은 일을 하는 사람이다. 돈만 보고 월급만큼 일하는 사람은 일대일로 주고받는 관계이다. 일한 만큼 받기 때문에 같은 일을 하고 직장을 다녀도 더 이상 발전이 없다. 자기가 받는 월급보다 언제나 많은 일을 하는 사람은 회사에 많은 것을 베푸는 사람이다. 회사의 주인이 아니라 고용인이라도, 사회적 지위나 위치에 상관없이 어떻게 하느냐에 따라 베푸는 사람이 될 수 있다. 결국에는 베푸는 사람이 더욱 많은 것을 받게 된다.

받는 것보다 많은 일을 항상 하는 사람은 자신의 시간, 노력, 열정을 회사와 동료들을 위해 내놓는 사람들이다. 보다 많은 것을 내놓는 사람에게 더 큰 부와 보상이 흘러 들어가게 되어 있다는 우주의 법칙과 세상사의 이치가 고스란히 적용된다. 결과적으로 그런 사람이 직장에서 보다 많은 연봉을 받는 사람이 된다는 사실은 실제 수많은 사람이 경험한 사례이다. 남에게 많이 베풀수록 자기도 많이 받는다는 진리가 숨어 있는 것이다.

– 타인을 행복하고 윤택하게 해야 성공한다

청소도 자주 해주고, 빨래도 자주 해주고, 설거지도 자주 해주면 반드시 아내는 행복해할 것이다. 아내는 남편에게 고마워서 더욱더 잘할 것이 뻔하다. 아이들을 행복하게 만들기 위해 함께 놀아 주며 많은 시간을 보내면, 아이들은 더욱더 열심히 공부하고 훌륭한 사람으로 성장해 갈 것이다.

아내와 아이들을 위해 하는 행동은 행복의 중요한 조건 중에 하나인 건강과도 매우 밀접한 관련이 있다. 퇴근해서 소파에 앉아 TV만 보는 남자는 수명이 굉장히 줄어든다는 연구 결과가 있다. 퇴근하고 집에 돌아와서 몸은 피곤해도 아내를 위해 청소를 함께 해주고, 빨래도 해주고, 아이들과 함께 놀아 주는 남편들은 그렇지 않은 남편들보다 상대적으로 수명이 길다.

행복한 아이들이 더 많이 배우고, 더 많이 기억한다는 연구 결과도 있다. 아이들을 행복하게 해주면 공부도 잘하게 된다. 그 어렵다는 자식 농사를 잘 지은 훌륭한 아빠가 될 수 있다. 훌륭한 사람으로 잘 살아가는 자녀들을 보며 행복해하지 않는 부모가 어디 있을 까?

세계 최고의 학력을 자랑하는 핀란드와 일본의 작은 시골 마을 아키타 현의 공부 비결 역시 가족들과 함께하는 식사와 대화, 지역 행사 참여, 함께하는 공동체 등이 핵심이다. 좋은 인간 관계를 형성하고 확장하는 것이 성공과 행복의 기술일 뿐만 아니라 공부 잘하는 최대 비결이다.

국가에도 그대로 적용이 된다. 세계 최고의 부자 나라는 미국이다. 미국이 어떻게 부자 나라가 될 수 있었을까? 바로 타인을 위해 기부하는 좋은 전통이 있었기 때문이다. 미국은 스스로 기부하는 문화가 가장 잘 발달된 나라이다. 자연히 세계의 부가 모여들게 되어 최고 부자 나라가 될 수 있었다. 미국 국민의 98%가 매년 기부에 참여하고 있다는 점을 통해, 타인을 행복하게 하고 윤택하게 하는 자세가 최선의 조건이며 비밀이라는 것을 확인할 수 있다.

미국 국민의 바탕에는 봉사와 기부 정신이 흐르고 있다. 9.11 테러를 겪으면서 미국 국민들의 놀라운 봉사와 기부 정신을 또 한 번 전 세계인들은 보았다. 미국 각지에서 자신의 생업을 뒤로한 채 몰려든 수많은 자원봉사자, 생명을 아까워하지 않는 소방대원들의 헌신과 봉사 정신은 지금의 강대국 미국이 왜, 어떻게 존재하고 존재할 수 있는지를 보여 주는 증거이다.

인간과 인간의 만남과 사귐에도 원리는 그대로 적용된다. 타인을 행복하고 윤택하게 하라는 말은 비단 물질에 한정된 것이 아니다. 우리가 가지고 있는 모든 것으로 남을 행복하고 윤택하게 할 수 있다. 예를 들어, 유머를 자주 사용하는 사람은 남에게 웃음과 기쁨을 자주 선사하는 사람이다. 역시 타인을 행복하고 윤택하게 한다. 유머 있는 사람은 그렇지 않은 사람보다 실제 연봉 액수가 많고, 일도 잘한다는 사실이 최근 밝혀졌다.

유머의 힘과 관련된 재미있는 연구 결과를 살펴보자. <하버드 비즈니스 리뷰>에서 유머와 연봉과의 상관관계에 대해 발표한 적이 있다. 유머가 많은 리더일수록 부하 직원들이 잘 따르며, 연봉도 높다는 보고이다. 평범한 리더와 우수한 리더 사이에는 많은 차이점이 있지만, 그중에서도 분명한 차이점 하나가 유머라는 것이다. 우수한 리더일수록 평소에 유머를 많이 사용하며, 그 빈도와 연봉 액수가 비례한다는 재미있는 이야기가 실제로 직장에서 일어난다는 말이다.

유머를 많이 사용할수록 인간관계가 좋아지고 향상된다. 유머가 많은 사람은 보다 많은 사람들에게 더 자주, 더 많이 웃음을 베푸는 사람이다. 유머를 사용하여 남에게 기쁨과 웃음을 주는 사람은 자신보다 남을 먼저 생각하고, 배려하고, 도와주고,

베풀고, 주려는 사람이다. 남을 행복하고 윤택하게 하는 사람은 결국 더욱 많은 연봉을 받게 되고, 보다 많은 사람들로부터 인기를 얻으며 따르게 만든다. 재미있는 연구 결과와 사회 현상에 행복과 성공의 제1 기술 원리가 흐르고 있는 것이다.

이와 비슷한 원리는 '칭찬의 위력'이다. 칭찬도 타인을 행복하고 윤택하게 하는 행위이다. 재미있는 점은 칭찬을 많이 하는 사람일수록 자신이 더욱 행복해지고 성공적인 삶을 살아간다는 것이다. 과연 왜 그럴까?

그 이유를 뇌 과학적인 측면에서 설명 가능하다는 점이 흥미롭다. 칭찬하면 우리의 자율 신경계는 그 주체를 정확히 분별하고 구별하여 받아들이지 않는다. 누군가에게 '당신은 최고이십니다. 당신께서는 정말 훌륭하십니다'라고 칭찬한다고 하자. 우리의 자율 신경계는 '나는 최고이다. 나는 정말 훌륭해'라고 받아들인다는 것이다. 타인을 행복하고 윤택하게 해주려고 칭찬했지만, 결과적으로 우리의 뇌 속에서는 기쁨과 행복의 호르몬인 엔도르핀, 도파민 등이 분비된다. 타인에게 칭찬을 하면 자신 또한 행복해진다는 의학적 뒷받침이다. 칭찬하면 할수록 자신이 더욱 행복해진다.

칭찬을 하면 그 칭찬을 받는 사람과 인간관계도 좋아질 수밖에 없다. 주위에 있는 제삼자들에게도 칭찬을 자주 하는 사람이라는 인상을 심어 주게 되어 여러 사람과 좋은 인간관계를 형성할 수 있다. 좋은 인간관계는 바로 성공적인 삶으로 직결된다. 요컨대 칭찬을 하면 할수록 성공할 공산이 더욱 커진다. 칭찬도 남을 행복하고 윤택하게 하고자 하는 행위이다. 성공과 행복의 제1 기술이며 원리인 것이다.

성공하는 사람일수록 '잘못했습니다. 죄송합니다'라는 사과의 말을 많이 한다는 발표가 난 적이 있다. 사과도 상대방에게 베풀고 기분을 배려해 주는 행위다. 분명 타인을 행복하고 윤택하게 하는 생활의 활력소와 윤활유가 아닐 수 없다. 사과의 말인 '잘못했습니다. 죄송합니다'라는 말을 많이 하는 사람은 생활 속에서 남들보다 실수를 많이 하는 사람이 아니라, 타인의 기분과 감정을 많이 배려하고 생각해 주는 사람이다.

성공한 사람들은 타인을 행복하고 윤택하게 하는 사람들이 아닐 수 없다. 성공하고 싶다면 타인에게 사소한 것들도 많이 베풀고 주는 사람이 되어야 한다.

"인생의 진정한 부란 그것을 나누어 받는 사람들이 누리는 이익의 정도에 따라 정확한 비율로 증가한다. 이것이 사실 이라는 것은 내가 100퍼센트 증명할 수 있다. 나 자신이 나누어 줌으로써 부자가 되었기 때문이다. 내가 누군가에게 이익이 되는 일을 하면, 그 대가로 무엇이든 어떤 식으로든 남에게 나누어 준 것보다 열 배나 많이 거둘 수 있었다."

– 나폴레온 힐 –

제2장. 출이반이 出爾反爾 II _ 인생은 부메랑과 같다.

.

"너에게서 나간 것은 너에게로 돌아온다

　出乎爾者反乎爾者也." － 맹자

"남에게 주어라. 그리하면 너희도 받을 것이다."

　　　　　　　　　　－ 성경

– 남에게 베풀면 증식된다

남성들보다 여성들의 평균 수명이 높다는 사실은 아주 오래 전부터 기정사실화되어 있다. 여성들은 행복의 체감 지수 측면에서 남성들보다 관계 지향적인 특성이 있어서 행복을 잘 느끼고, 훨씬 오래 산다. 더욱더 중요한 요인 중 하나는 모든 여성이 자녀들을 낳고 키우면서 무엇보다 큰 헌신과 사랑을 베푼다는 것이다. 자신보다 자녀들에게 베푸는 무한한 사랑과 봉사와 헌신은 타인을 행복하고 윤택하게 하라는, 행복과 성공의 최고 기술을 유감없이 실천하는 사례이다. 그래서 여성들은 오래 살고, 보다 행복하고, 보다 성공적인 삶을 살게 된다.

복잡한 현대 사회로 오면서 수많은 주부가 자녀나 가정보다 자신의 행복과 인생에 집중하기 시작했다. 우울증 환자가 급증하고, 자살하거나 가정이 파탄하고, 이혼하는 수치도 급증했다. 자신의 인생과 행복에 집중하면서 이기적으로 살면서 아이러니하게도 우울증에 걸리고, 피해망상증에 걸리고, 급기야 이혼하게 되었다. 자신의 인생과 행복보다 먼저 자녀들의 행복을 위해 헌신하고 베푸는 주부들은 그만큼 행복해진다. 행복과 성공은 먼저 자신의 이기심과 욕심을 버리고 타인을 행복하고 윤택하게 해줄 때 찾아온다.

미국 CNN 방송의 경제 자매지인 <비즈니스 2.0>이 제시한 '성공 키워드' 중에 '다른 사람을 배려하라'가 있다. 성공하기 위해서는 다른 사람에 대한 배려, 즉 타인을 행복하고 윤택하게 하는 행동이 필수적인 요소라는 점을 이윤 추구만을 최고의 미덕으로 삼고 있는 치열한 비즈니스 세계에서도 인정한다니 매우 흥미롭다.

제1 기술은 자연에도 그대로 적용된다. 이스라엘 성지 순례를 다녀온 사람은 이스라엘 성지에 바다가 두 개 있다는 사실을 안다. 하나는 갈릴리 바다이고, 다른 하나는 사해다.

갈릴리 바다는 받은 것보다 많이 베풀고 나누어 흘려보내는 바다이다. 점점 더 많은 생명체들이 살면서 풍족한 삶을 누린다. 주변의 모든 동물과 사람들까지 행복하고 윤택하게 하는 바다이다. 갈릴리 바다는 매우 풍요롭고 생명력이 넘치는 바다이다. 타인을 행복하고 윤택하게 할수록 자신이 더 행복해지고 성공하게 된다는 이치가 자연에도 그대로 적용된다.

다른 바다인 사해는 정반대이다. 요르단 강의 신선한 물을 받기만 하고 흘려보내지 않는 사해에서는 어떠한 베풂과 나눔도 일어나지 않는다. 어떠한 생명체도 살지 못하고, 급기야 죽은 바다가 되었다.

우리 삶에도 똑같이 적용된다. 남에게 많이 베풀고, 남을 윤택하게 해주는 사람이 결국에는 보다 많이 윤택해지고 행복해진다. '다른 누군가의 길을 밝혀 주기 위해 등불을 켜면 자신의 길도 밝히게 된다'고 말한 벤 스위트랜드의 말처럼, 다른 누군가의 성공을 돕기 위해 살아가면 결국 자신의 성공을 돕는 일이 된다는 점을 명심하자.

'다른 사람이 원하는 것을 가질 수 있게 돕는다면 당신도 모든 것을 가질 수 있다. 다른 사람을 돕는 자가 가장 높이 올라간다' 라고 말한 조지 매튜 아담스처럼, 다른 사람이 원하는 것을 가질 수 있도록 도와주는 삶을 살 때 우리는 원하는 것을 더욱 쉽고 확실하게 가질 수 있다.

반세기 동안 전 세계적으로 베스트셀러인 《생각하라, 그러면 부자가 되리라》의 저자인 나폴레온 힐은 분명하게 말하고 있다.

"인생의 진정한 부란 그것을 나누어 받는 사람들이 누리는 이익의 정도에 따라 정확한 비율로 증가한다. 이것이 사실이라는 것은 내가 100퍼센트 증명할 수 있다. 나 자신이 나누어 줌으로써 부자가 되었기 때문이다. 내가 누군가에게 이익이 되는 일을 하면, 그 대가로 무엇이든 어떤 식으로든 남에게 나누어 준 것보다 열 배나 많이 거둘 수 있었다.”

바로 이것이 정답이다. 부자가 되고 싶다면 명심해야 한다. 모든 부는 타인을 행복하고 윤택하게 하는 방법을 통해 더욱더 가치를 지니게 되고, 오히려 증식한다. 즉시 사용하지 않고 축적만 하는 부는 말라 버려서 작아진다. 남에게 베풀면 증식된다는 법칙을 우리는 명심하고 반드시 실천하도록 하자. 그것이 부자가 되는 길이고, 행복해지는 길이다.

한 사람이 이룬 성과의 크고 작음은 대체로 얼마나 많이 베풀었느냐에 정비례한다. 이 원리를 제대로 알고 있는 사람만이 큰 부자가 될 수 있고, 성공할 수 있다. 이기적인 욕심만 가진 사람들은 아무리 돈을 좇아도 달아나게 되어 있다. 진정 이타적인 사람들에게는 돈이 모여들고 찾아온다.

－ 인생은 부메랑과 같다.

‘당신이 나누어 주지 않은 것은 진정 당신 것이 될 수 없다’고 C. S. 루이스가 말했다. 나누어 주지 않고 움켜잡은 재산은 썩어서 아무도 사용하지 못하는 폐물이 될 수밖에 없다.

인생은 부메랑과 같아서 무엇을 던지든 결국 자신에게로 되돌아온다. 세계적인 대부호들의 철학은 '먼저 베풀라', '사람은 사랑하고, 돈은 쓰라'이다. 돈은 결코 움켜쥐고 있다고 버는 것이 아니다. 잘 쓸 때 돈을 번다.

한 가지 절대 빼놓을 수 없는 철학은 '진정한 부는 돈이 아니다'는 것이다. 이러한 철학을 가진 자들이 이상하게도 세계적인 대부호가 되었다. 이들은 누구보다도 돈으로 살 수 있는 것과 살 수 없는 것을 잘 구별한다.

돈으로 '집'은 살 수 있지만,
'(화목한) 가정'은 살 수 없다.
돈으로 '침대'는 살 수 있지만,
'(고된 노동 후에 오는) 쾌적한 수면'은 살 수 없다.
돈으로 '수많은 책'은 살 수 있지만,
'(인생에서 가치 있는) 지식'은 살 수 없다.
돈으로 '유명한 의사'는 살 수 있지만,
'(소중한) 건강'은 살 수 없다.
돈으로 '섹스'는 살 수 있지만,
'(따뜻한) 사랑'은 살수 없다.
돈으로 '지위'는 살 수 있지만,
'(진심 어린) 존경'은 살 수 없다.

돈으로 '비싼 시계'는 살 수 있지만,

'(소중한) 시간'은 살 수 없다.

돈으로 살 수 없는 정말 중요한 것들 대부분을 살 수 있는 방법이 있다. '나눔'과 '베풂'이다. 건강한 인간관계, 즉 성공과 행복의 제1 기술인 '남을 행복하고 윤택하게 하라'는 것이다.

남을 행복하고 윤택하게 하는 사람은 자기 가족들에게도 동일하게 최선을 다해 헌신하고 사랑을 베푼다. 그 가정은 다른 어떤 가정보다 화목한 가정을 이룰 수 있다. 남을 행복하고 윤택하게 하는 사람은 인생에서 가치 있는 것들이 무엇인지, 그 과정을 통해 배우게 된다. 베풀고 행복하게 하는 과정을 통해 자신이 행복해진다. 행복감은 결국 자신의 몸에도 영향을 주어 건강해진다. 행복한 사람이 그렇지 못한 사람보다 건강하고 오래 산다는 연구 결과가 있다.

남을 윤택하고 행복하게 하는 사람은 주위 사람들로부터 따뜻한 사랑과 존경을 받게 된다. 자신에게 도움을 받은 수많은 사람이 각계각층에서 도와주고 협력해 준다. 어떤 일을 추진할 때 예상치 못한 도움을 받아 소중한 시간을 절약할 수 있다.

남에게 대가를 바라지 않고 베푸는 일은 반드시 더 큰 보답으로 돌아온다. 성공과 행복의 제1 기술이다. 무엇인가 대가를 바라고 보답을 기대하며 베푸는 사람이 되어서는 안 된다. 타인을 자신처럼 생각하고 행복하게 해주면 자신도 큰 행복을 느끼게 된다. 아깝다고 생각하지 말고 베풀며 나누어 주기 바란다.

인간은 크게 두 종류로 나뉜다. 한 종류는 남에게 베풀기를 싫어하여 구두쇠처럼 인색하고 절대 손해 보지 않는 사람이다. 다른 한 종류는 기꺼이 손해 보고, 남에게 베풀며, 자신의 것을 내놓는 사람이다. 필자는 두 종류의 사람들을 수십 년 동안 지켜보아 왔다. 과연 어떤 사람들이 윤택한 삶을 살고, 어떤 사람들이 궁핍한 삶을 살고 있을까?

자기 손에 들어온 것은 절대로 남에게 양보하지 않는 구두쇠는 지금 매우 궁핍하게 살고 있다. 자신이 기꺼이 손해를 보면서까지 양보를 마다하지 않던 사람들은 이상하게도 매우 윤택한 삶을 살고 있다. 능력이나 직장이 다른 사람이 아니다. 필자가 다니던 회사에서 함께 신입 사원으로 만난 입사 동기생들이다. 회사나 능력이 모두 엇비슷하다. 하지만 한쪽은 매우 궁핍한 삶을 살고 있고, 다른 한쪽은 매우 윤택한 삶을 살고 있다. 과연 왜 그럴까? 원인은 무엇일까? '부의 파레토 법칙'에 집중해 보면 이해가 될 것이다.

'부의 파레토 법칙'이란 부자들은 자기 돈의 80%를 의미 있고 가치 있는 곳에 쓴다는 내용이다. 부자들은 생명력을 가지고 살아 있는 돈에 80%를 쓴다. 나머지 20%를 자기 삶과 향락, 가치가 없는 일에 쓴다. 생명력 없이 죽어서 단순히 소비하는 곳에 20%를 쓴다는 것이다. 돈을 쓰는 방식의 차이가 부자와 빈자의 차이를 만든다.

가장 가치 있고 생명력 있는 것은 타인에게 나누어 주고 베푸는 돈이다. 주식이나 부동산 투자는 환경과 경기 흐름에 따라 자산 가치에 어느 정도 한계가 있다. 하지만 타인에게 나누어 주고 베푸는 돈은 그 돈의 100배, 1,000배의 가치가 있는 것으로 보답받을 수 있다. 도저히 기존의 주식이나 부동산 투자 같은 것과 비교할 만한 차원이 아니다. 그 이상이다.

타인에게 언제나 베풀고 나누어 주는 부자들이 위기 상황에서 돈하고 바꿀 수 없는 생명을 구하게 되는 경우가 흔하다. 그만큼 남에게 베풀어 주는 돈을 자산 가치로 따지자면 가장 으뜸이다.

투자수익률을 따져 보자. ROIReturn on Investment라고

부르는 투자수익률은 우리가 100만 원을 각각 저축, 주식, 부동산에 투자하여 1년 후, 5년 후, 10년 후에 얼마나 돈을 불릴 수 있느냐 하는 것이다. 지금까지 세계 최고 부자들은 투자수익률이 높은 종목을 선택했다. 한 가지 명심해야 하는 것은 수익률이 높은 곳은 언제나 위험률도 높다는 사실이다.

투자수익률에서도 가장 으뜸은 남에게 베풀고 나누어 주는 것이다. 왜일까? 많이 베풀수록 더욱 많은 것이 들어오고, 많이 가질수록 더욱 많은 것이 나간다. 큰돈이 큰돈을 벌고, 적은 돈이 적은 돈을 번다. 남에게 베풀면 더욱 많이 흘러 들어온다. 어떻게 보면 너무나 당연한 법칙이지만, 아무나 쉽게 실천할 수는 없다. 실천하기 위해서는 돈의 주인이 되어야 한다. 돈을 만만하게 생각할 줄 알아야 하고, 돈을 그냥 돈 그대로 바라보는 배짱과 사고방식이 필요하다. 세계 최고의 갑부일수록 자신의 전 재산을 사회에 환원하는 사람들이 많은 이유이다.

가난한 사람일수록 돈의 노예가 되어 돈을 위해 자신의 모든 것을 포기하는 사람들이 많다. 부자는 돈이 흘러 들어오게 만들지, 돈을 쫓아가지 않는다. 가난한 사람이 돈을 쫓아다닌다.

– 참다운 행복은 이기적이지 않다

우리가 명심해야 할 하나는 '참다운 행복과 성공은 결코 이기적이지 않다'는 점이다. 행복과 성공이 자신만을 위하고 자신에게만 좋다면 한 번쯤 재고해 봐야 한다. 참다운 행복과 성공이 아닐 수 있다. 참다운 행복과 성공은 무엇보다 타인을 위한 배려와 좋은 관계 속에서 빛이 나고 형성된다. 자기 혼자만의 성공과 행복은 거짓 행복이고, 거짓 성공일 공산이 매우 크다. 행복과 성공이 자기 혼자만의 노력과 열정, 재능으로 가능하지 않기 때문이다. 행복과 성공은 결코 배타적이지 않다. 오히려 이타적이다.

자신의 기쁨을 두 배로 키우는 가장 쉬운 방법은 타인과 함께 나누는 것이다. 자신을 통해 타인도 기쁘게 하는 방법이기도 하다. 타인에게 기쁨을 주고 행복을 나누면, 타인의 기쁨과 행복을 통해 자신의 기쁨과 행복이 두 배로 늘어나는 놀라운 현상이 발생한다. 이러한 현상을 누구보다 잘 아는 사람들이 성공하고 열정적인 삶을 살았다.

조지 버나드 쇼는 매우 열정적이며 성공적인 삶을 살았던 인물임에 틀림없다. 그는 이러한 현상을 분명하게 알고 있었다.

"성공한 사람들은 자신들이 원하는 관계를 찾는다. 만약 그 관계를 찾지 못하면 스스로 그 관계를 만들어 낸다."

그는 노벨 문학상을 받은 아일랜드의 소설가 겸 극작가이면서 비평가였다. 그는 결코 성공을 혼자만의 노력으로 이루었다고 생각하지 않았다. 자신이 원하는 관계를 찾거나 스스로 만들어 내야 성공이 가능하다는 사실을 누구보다 잘 알고 있었다.

행복과 성공은 태어날 때부터 쌍둥이인 셈이다. 참된 행복과 성공은 자기 자신만의 고유한 전유물이 아니라, 타인과 함께 나누어야 하는 것이기 때문이다. 나누는 과정을 통해 하나가 아니라 둘이 되고, 넷이 되고, 여덟이 된다.

행복과 성공은 에고, 즉 자아의 한계를 뛰어넘은 사람만이 진정으로 맛볼 수 있는 경지이다. 참된 행복과 성공은 결코 외형적인 돈이나 권력, 사회적 지위가 아니다. 훨씬 더 크고 가치 있는 것이다. 훨씬 더 영속적이다. 훨씬 더 관계 지향적이다. 훨씬 더 인간적이다. 훨씬 더 의미 있는 것이다.

환하게 웃는 아기와 함께 단 몇 분을 있어 보라. 그 순간에 얼마나 큰 환희와 감동과 기쁨을 누릴 수 있는지 말이다. 서로 격려하고, 사랑하고, 베풀고, 나누는 인간관계에는 아기와 함께 있을 때와 같은 환희와 감동과 기쁨을 동일하게 누릴 수 있는 조건이 형성된다. 크나큰 에너지가 내면에서 샘솟게 하는 원동력이 아닐 수 없다.

'인간의 행복은 90%가 인간관계에 달려 있다'라고 말한 쇠렌 키르케고르의 말이 더욱더 마음에 와닿는다. 솔로몬의 말처럼 '남에게 베풀기를 좋아하는 사람이 부유해지고, 남에게 마실 물을 주면 자신도 갈증을 면하게 된다.' 존 M. 템플턴의 표현을 빌리자면 '선을 행하는 자가 성공하게 되고, 베풀수록 성장한다.'

이 장에서 말하는 핵심 기술의 근저에 깔린 위대한 법칙이며 성공의 원리는 바로 앤드류 카네기의 말이다.

"아무리 위대한 사람일지라도 다른 사람의 협력 없이 실력을 발휘할 수는 없다."

아무리 위대한 성공일지라도 자신만의 능력만으로 이루어진 성공은 존재하지 않는다는 의미이다. 어떤 성공이라도 반드시 다른 사람들의 수많은 도움과 협력을 통해 이루어진다. 전쟁터에서 위대한 장군이 되기 위해서는 반드시 수많은 사병들의 용기와 헌신이 필요한 것과 마찬가지이다.

현대 사회에는 세 가지 종류의 인재가 있다. 첫 번째 인재는 자신의 실력과 능력만을 믿고 실력으로 정면 승부를 겨루는 인재이다. 두 번째 인재는 자신의 실력과 능력보다는 타인과의 관계를 소중히 여긴다. 타인과의 영향력을 자신의 실력과 능력보다 크게 인식하는 관계 지향적인 인재이다. 자신의 실력과 능력을 꾸준히 향상시키면서도 인간관계를 소중히 여기는 양립형 인재이다. 마지막 세 번째 인재는 자신의 실력과 능력보다는 오직 타인과의 관계나 인맥을 최고로 여기며 이미지 관리에만 집중하는 인재이다. 과거에는 권력이 집중되어 있어서 누가 뭐래도 권력을 가진 한두 사람의 눈에 띄기만 하면 성공이 보장되었다. 지금은 권력이 분산되어 한두 사람의 눈에 띈다고 해도 여러 가지 걸림돌이 많다. 최근 고위직에 내정된 사람이 과거에 말한 내용이 화근이 되어 결국 고위직에 오르지도 못하고 쫓겨나는 경우도 발생했다.

현대에는 권력이 분산되어 있고 인터넷과 방송, 신문 등 매스컴의 영향을 무시할 수 없어 오로지 실력과 이미지만으로 성공하는 경우는 절대 없다. 특히 공직으로 나가고자 하는 사람은 자녀들의 군 문제와 아내의 생활까지도 흠 잡을 데 없어야 한다. 그야말로 자신의 이미지 관리는 말할 것도 없고, 가족들의 이미지 관리도 매우 중요하다.

현대에 성공하는 타입의 인재는 두 번째 인재이다. 세 번째 인재는 운이 좋아서 성공한다 해도 오래 버티지 못한다. 자신의 실력과 재능을 부단히 향상시키고 준비하면서도 인간관계를 잘 만들어 놓아야 한다.

타인을 행복하고 윤택하게 하고자 하는 것은 비단 자신이 행복하고 윤택하게 되기 위해서가 아니다. 그 자체로 자신의 삶이 행복해지고 윤택해지기 때문이다. 성공하는 사람들은 누구를 만나더라도 반드시 먼저 베풀고, 나누어 주고, 배려하고, 칭찬하고, 격려하는 사람들이다. 그만큼 생각과 베푸는 마음이 누구보다도 넓다. 성공하는 사람들 대부분은 자신의 넓이만큼 성공하게 되어 있다. 자신이 사장 수준의 넓이라면 그만큼 성공하고, 회장 수준의 넓이라면 정확히 그만큼 성공한다.

재능 있고, 능력 있고, 꿈이 있고, 열심히 사는 사람들이 혼자만의 힘으로 이루어 낸 듯 보이는 성공도 반드시 수많은 다른 사람들의 도움과 협력을 통해 이루어졌다. 재능과 목적에만 크게 영향받을 것처럼 보였던 성공도 타인과의 관계를 통해 이루어진다. 하물며 행복은 어떨까?

'성공의 80%가 타인의 도움과 협력에 의해 이루어진다'
고 한다면, '행복은 90% 이상이 타인과의 좋은 관계 속에서
이루어진다' 고 말할 수 있다. 행복이란 큰 부와 명예를 획득하
고 오랫동안 갈망하던 목적이 달성되었다고 획득할 수 있는 것
이 아니기 때문이다.

'행복은 어쩌다 한번 주어지는 큰 재산이 아니라, 일상생활
에서 일어나는 작은 이익으로 이루어진다' 는 벤저민 프랭클린
의 말에 전적으로 동감한다. 필자는 여기에 한 가지를 추가 하
고 싶다. 행복은 일상생활에서 만나는 수많은 사람들과 주고받
는 사랑, 관심, 배려, 칭찬, 격려, 나눔, 베풂을 통해 완성된다는
것이다. 링컨 대통령의 표현대로 '대부분의 평범한 사람들은
행복해지겠다고 결심하는 순간 행복해진다.' 행복은 지금 이
순간 우리가 만나는 사람들에게서 발견할 수 있다.

– 아주 행복한 사람과 덜 행복한 사람의 차이

긍정 심리학을 선도하는 심리학자들은 '아주 행복한 사람들'과 '덜 행복한 사람들'을 비교 관찰하여 하나의 결론에 도달하였다. '풍부하고 만족스러운 인간관계의 존재 유무'가 그 차이를 결정하는 유일한 요인이라고 한다. 아주 행복한 사람들 주위에는 함께 기뻐하고 즐거워해 줄 친구와 가족, 이웃이 있다는 것이다. 다른 사람들을 기꺼이 도와주고, 행복하게 해주고, 윤택하게 해주면 자신을 더욱더 행복하게 해주고, 윤택하게 해주고, 도와주는 것이 된다.

타인을 행복하고 윤택하게 해주면, 그 자체로 자신에게 의미와 즐거움이라는 두 가지 보상이 모두 충족된다. 행복의 참된 요건은 의미와 즐거움이다. 타인을 행복하고 윤택하게 해주면 자신이 더욱 행복해지는 이유이다.

행복과 성공의 제1 기술은 중국의 고전에서도 살펴볼 수 있다. 동양의 성자로 평가받고 있는 공자는 무엇보다 인仁을 중시했다. 공자가 인의 실천 방법으로 주장하는 여러 가지 방법들 중 하나가 제1 기술과 일맥상통한다. 그는 논어에서 다음과 같은 말을 했다.

"내가 출세하기를 원하거든 남을 먼저 출세시켜 주라己欲立而立人 己欲達而達人."

자신이 출세하고자 한다면 먼저 남을 출세시켜 주어야 한다. 자신이 명예롭고자 한다면 먼저 남을 명예롭게 해야 한다. 자신이 이롭고자 한다면 먼저 남을 이롭게 해야 한다.

이상하게도 성공한 사람들은 대부분 남을 도와줄 때 대가를 바라지 않는다. 더욱 이상하게도 남을 도와주면 반드시 자신에게 돌아온다. 그것도 보다 좋게, 보다 많이 말이다. 남에게 베풀고 나누어 주면 자신에게 베풀고 나누어 주는 것과 같다는 사실을 깨닫고 명심하여 실천해 보라. 당신의 인생이 180도 달라질 것이다.

실천을 해도 인생이 달라지지 않았다면 연락을 하기 바란다. 당신의 성공과 행복을 위해 할 수 있는 일이라면 무엇이든 해주겠다. 당신이 필자의 도움을 통해 성공한다면 나 또한 성공하기 때문이다. 당신이 도움을 통해 행복해진다면 나 또한 행복해지기 때문이다.

자연 법칙 중에 가장 중요한 법칙 중 하나가 무엇일까? 바로 작용과 반작용의 법칙일 것이다. 내가 준 것은 반드시 내게 되돌아온다. 이러한 자연의 법칙이 이번 장의 토대를 이루는 원리이다.

"남을 위하는 것이 곧 나를 위하는 것과 같다爲彼猶爲己也."

묵자가 한 말이다. 남에게 행복을 주는 자는 자신이 행복해진다. 남에게 악을 행하면 자신이 그대로 받는다. 남에게 냉정하게 대하면 자신이 냉정함을 받는다. 남에게 모질게 하면 결국 자신이 모질게 당한다. 남을 용서하지 못한 자는 결국 자신도 용서를 받지 못한다.

"우리의 삶은 우리가 남에게 준 것만을 정확히 그대로 돌려준다."

우리는 남에게 좋은 것을 주어야 한다. 남에게 나쁜 것을 주려면 우리가 그 나쁜 것을 접해야 한다. 남에게 재를 던지기 위해서는 무조건 그 재를 손에 묻혀야 한다. 남에게 행복을 주기 위해서는 무조건 행복이 무엇인지 알아야 한다. 알게 되는 과정에서 우리는 행복과 친해질 수 있고, 행복할 수 있다.

남을 윤택하게 하기 위해 많이 베풀면 더 많은 물질이 우리에게 몰려들게 되어 있다. 마치 타인의 길을 밝히기 위해 등불을 들어 주면 우리의 길도 밝히게 되듯이 말이다. 이것이 자연의 법칙이며 이치이다. 돈이 없다고 해도 행복을 베풀고, 친절을 베풀고, 용서를 하고, 격려를 하고, 칭찬을 할 수 있다. 사소한 것들이라도 실은 돈보다 훨씬 큰 가치를 품고 있음을 알아야 한다. 돈으로는 정작 중요한 것을 못 사기 때문이다.

"행복과 성공은 자신의 생각으로 시작하지만, 완성은 타인의 협력과 도움으로만 가능하다."

우리는 자신보다 먼저 남을 행복하고 윤택하게 해야 한다. 그것이 성공과 행복의 최고의 스위치며 기술이다.

"타인을 행복하고 윤택하게 하면 우리가 행복해지고 윤택해진다."

우리에게서 나간 것은 반드시 우리에게 다시 돌아온다. 무엇이든 말이다. 이러한 사실을 동양과 서양의 고전을 통해 살펴보고 이 장을 마무리하고자 한다.

"너에게서 나간 것은 너에게로 돌아온다

出乎爾者反乎爾者也." － 맹자

"남에게 주어라. 그리하면 너희도 받을 것이다."

 － 《성경》

나는 의식적인 노력으로 자신의 삶을 높이고 자 하는
인간의 확실한 능력보다 더 훌륭한 일은 없다고 생각
한다.

　　　　　　－ 헨리 데이비드 소로

사람은 자신이 생각하는 대로 된다. - 제임스 앨런

세상에 좋고 나쁨은 없고, 그렇게 생각하는 사람만 있다.

- 셰익스피어

작은 생각만큼 성취를 제한하는 것도 없다. 자유로운 생각만

큼 가능성을 확장하는 것도 없다. - 윌리엄 아서 워드

사람을 성공시키거나 파멸시키는 것은 다름 아닌 그 자신의

생각이다. - 제임스 앨런

행복한 사람과 불행한 사람의 차이는 그들이 처한 환경에 있

는 것이 아니라, 그들의 마음가짐에 있다. - 애덤 잭슨

인생은 우리가 하루 종일 생각하는 것으로 이루어져 있다.

- 랠프 왈도 에머슨

생각할 수 있는 것은 모두 실현 가능하다.

- 알버트 아인슈타인

위대한 생각을 길러라. 우리는 어떤 일이 있어도 생각보다

높은 곳으로 오르지 못한다. - 벤저민 디즈레일리

– 우리는 동물과 다른 존재이다

우리는 동물과 다른 존재이다. 정글의 법칙은 동물들에게만 적용되어야 한다. 우리는 우리들의 법칙대로 살아야 한다. 정글의 법칙은 약육강식이다. 강한 자가 약한 자를 잡아먹는다. 우리들의 법칙은 동물들의 법칙보다 한 차원 높다. 동물들은 생존이 최대의 목적이고 목표이다. 동물들에게는 생존에 필요한 것만 부여되었다. 인간은 생존만이 최대의 목표나 목적이 아니다. 인간은 그저 생존만 하게 되면 비참함을 느끼고, 우울증에 빠지고, 불행하게 된다. 동물들의 방식인 정글의 법칙은 우리 인간의 법칙이 아니다.

인간을 인간답게 해주는 참다운 법칙은 상대를 존중하는 것이다. 반드시 물질적인 것만이 남을 행복하고 윤택하게 해주는 효과를 발휘하지는 않다. 우리 마음속에서 우러나오는 진심 어린 존중은 상대방으로 하여금 그 무엇과도 바꿀 수 없는 에너지와 감동과 힘이 솟아 나오게 하는 일종의 원동력이다.

존중받는다고 느끼는 직원들은 그렇지 못하다고 느끼는 직원들에 비해 수익성과 생산성이 훨씬 높아진다. 어느 시장 조사 회사는 설문 조사를 통해, 존중은 수익성에 직접적으로 영향을 미치는 중요한 요인이라는 결과를 보고한 바 있다. 우리 인간은 존중받고 인정받으면 엄청난 에너지와 능력이 내면에서 솟아난다. 그로 인해 존중받을 때와 받지 못할 때의 생산성에 급격한 차이가 드러난다.

존중받는 종업원들이 있는 기업은 그렇지 못한 기업보다 세 배 이상 많은 수익을 내고 있다. 존중받는 종업원들은 책임감이 강해지고, 결근과 이직이 눈에 띄게 줄어들기 때문이다. 직책에 상관없이 커뮤니케이션 능력이 향상되고, 일에 대한 집중력과 의욕이 향상되기 때문이다. 팀워크가 향상되고, 갈등이 줄어들기 때문이다.

존중받는다고 느끼는 사람들의 뇌와 그렇지 못한 사람들의 뇌를 촬영해 보면 크나큰 차이가 있다. 존중을 느끼는 사람들은 모든 뇌의 부위가 제 기능을 다한다. 뇌가 잘 기능하기 위해 반드시 필요한 혈액의 양을 통해 알 수 있다. 존중받는 사람은 뇌의 전 기능이 원활하게 잘 돌아간다. 모든 것이 물이 흐르듯 순조롭게 잘 진행되면서 외부로 발산된다. 타인에게도 그대로 전달되어서 팀워크가 향상된다. 활력이 넘치고 여유가 있으며 능력이 최대한 발휘된다.

인정받지 못하는 사람들의 뇌 속에서는 결정적으로 혈액의 양이 급격하게 감소한다. 뇌의 많은 부분이 제 기능을 다하지 못하게 된다. 그야말로 혼란스러운 상태가 뇌 속에서 일어난다. 모든 지적 기능과 판단력, 기억력 등이 감소하고, 쉽게 분노와 좌절을 느낀다. 초조감과 우울함을 느끼게 되어 타인과의 관계에서도 쉽게 마찰이 일어난다. 팀워크는 당연히 힘들어 지고, 그 회사는 망하기 십상이다.

미국 노동부의 자료에 따르면, 직원들이 직장을 떠나는 제일 큰 이유가 존중의 결여라고 한다. 우리 인간은 본능적으로 존중 스위치의 위력을 알고 있다. 존중받지 못하는 회사에서는 자신의 재능과 무한 에너지가 절대 형성되지 못한다. 당연히 자신을 존중해 주는 회사를 찾아서 떠나게 되는 것이다.

수많은 기업들은 인재를 찾아서 지구 반대편까지 가는 수고를 마다하지 않는다. 아무리 어렵게 찾은 인재라도 제대로 존중해 주지 못하는 기업 문화 속에서는 재능을 최대한 발휘할 수 없다는 사실을 기업들은 명심해야 한다. 기존에 있는 직원들을 제대로 존중해 주는 기업 문화가 없다면, 우선 존중하는 기업 문화를 먼저 만들고 정착시키기 위해 노력해야 한다.

직원들을 인정해 주고 존중해 주는 회사가 그렇지 못한 회사에 비해 자기자본수익률과 자산수익률, 영업 마진 모두에서 3

배 이상 높은 수치를 나타냈다. 미국의 시장 조사 회사인 잭슨 오거나이제이션Jackson Organization이 발표한 조사 결과다. 요컨대 직원들을 존중하지 않는 기업은 성공할 수 없다. 직원들에게 존중이라는 귀한 가치를 나누어 주고 베풀 줄 아는 기업은 반드시 성공한다. 기업에도 성공과 행복의 제1 기술인 '타인을 행복하고 윤택하게 하라'는 기술이 그대로 적용된다.

이제 수많은 전문가들과 기업 경영자들이 성공을 위한 새로운 패러다임으로 '존중'을 꼽게 되었다. 존중은 상대방에게 무한한 가치와 기대와 존경을 선사해 주는 행위이다. 과거의 권위주의만으로는 성공적으로 기업을 경영할 수 없다는 사실을 깨닫기 시작했다. 관리나 원칙만으로 더 이상 직원들이 자발적으로 움직이지 않는다는 사실도 알게 되었다. 무엇보다 직원들에게 무한한 가치와 기대와 존경을 나누고 베풀고 선사해야 한다.

우리 인간의 최대 목적과 목표는 보다 나은 삶을 만들어 나가는 것이다. 그냥 생존하는 것은 가장 낮은 단계의 삶이라고 할 수 있다. 가장 높은 단계의 삶은 나를 헌신하여 타인을 행복하게 해주고, 도와주고, 사랑을 나누고, 베풀어 주는 삶이다. 우리는 이때 가장 큰 행복과 만족감과 충만함을 느낀다.

– 생물학적 사이클 전환이라는 원리

삶이 비참하고 슬퍼서 견딜 수 없어 하던 우울증 환자가 있었다. 그저 생존하고만 있었다. 의사가 환자에게 빈민촌에 가서 타인을 위해 봉사하고, 도와주고, 헌신하라고 조언했다. 환자는 어쩔 수 없이 의사의 말대로 빈민촌에 가서 봉사를 하게 되었다. 그러자 오랜만에 생기가 돌고, 활력이 넘치며, 기분이 좋아지고, 상쾌함을 느꼈다고 한다. 그 환자는 다음과 같은 말을 했다.

"남을 위해 봉사한 오늘이 내 인생 최고로 행복한 날이구나. 이렇게 상쾌한 기분이 도대체 뭘까? 이것이 행복인가? 행복이 있다면 아마 이런 것이겠지!"

그 환자는 우울증도 완치되었고, 누구보다 행복하고 충만한 삶을 살았다고 한다. 바로 이것이 행복과 성공의 길이 아닐까? 너무 멀리서 행복과 성공을 찾아서는 안 된다. 행복과 성공의 길은 우리 마음속에 있다. 우리가 행복해질 수 있는 가장 큰 씨앗은 타인을 먼저 배려하고 행복하게 해주려는 마음이고 생각이다.

행복해지고 싶다면 먼저 생각부터 바꿔라. 이것이 행복의 비밀이다. 생각을 바꾸어 세상의 모든 것을 용서하고, 현재의 자신을 그대로 인정하고 받아들이라. 그 순간 이 세상에서 가장 행복한 사람이 자신임을 발견하게 될 것이다.

누군가에 대한 분노와 원망이 있는가? 분노와 원망이 당신으로 하여금 행복한 사람이 될 수 없는 명확한 조건과 이유를 제시하고 있다. 행복해지고 싶다면 타인을 위해 먼저 용서해 보라. 타인을 위한 용서가 자신에게 돌아와서 그동안의 어리석음을 용서받게 된다. 누구보다 자유롭게 되고, 누구보다 행복해질 수 있을 것이다.

왜 타인을 행복하고 윤택하게 하면 행복해지는 것일까? 지금까지 수많은 사례와 연구 결과를 살펴보았지만, 좀 더 과학적으로 살펴보자.

인간은 진동을 가지고 있는 동물이다. 우리 뇌에서는 뇌파라는 진동이 항상 일어나고 있다. 심장에서는 심장 박동이라는 진동이 항상 일어난다. 심지어 우리가 하는 행동을 통해서도 직접적으로 진동이 일어난다. 우리가 느끼는 기분도 진동을 가지고 있다. 기분이 어떤지 눈으로 보고 말로 듣기 전에 몸에서 뿜어저 나오는 진동을 통해 먼저 느낄 수 있다. 우리의 생각을 통해서도 진동은 발생한다.

모든 진동은 곧 파동이기 때문에 필연적으로 에너지의 이동이다. 현대 물리학의 두 기둥이 되는 원리 중에 하나인 양자역학과 매우 밀접한 관련이 있다. 양자역학에서는 세상의 모든 것을 에너지라고 가르친다. 세상의 모든 것은 전자들의 덩어리에 불과하며, 그 전자들의 덩어리는 에너지라는 주장이다.

에너지는 다른 말로 진동, 즉 파동이다. 진동은 비슷한 진동을 불러들인다는 유유상종의 법칙, 또는 끌어당김의 법칙이라는 특성을 가지고 있다. 《시크릿》과 같은 부류의 성공학 도서들이 한결같이 주장하는 끌어당김의 법칙의 토대가 되는 근본 원리가 양자역학에서 주장하는 파동설이다.

파동설의 특성을 가장 잘 나타내 주는 현상 중에 하나가 시계 진자의 진동 일치 현상이다. 진자시계의 발명자인 크리스티앙 호이겐스는 17세기에 진자시계들이 하나같이 동일하게 움직이는 현상을 발견하였다. 그는 일부러 다른 진자시계들의 진자들을 다르게 움직이도록 만들어 보았다. 그는 가장 큰 리듬으로 움직이는 진자의 박자대로 모든 시계들이 일치하는 현상을 발견하였다. 과학적 용어인 '생물학적 사이클 전환'이라고 불리는 현상이다.

　생물학적 사이클 전환 현상은 다양한 분야에서 다양한 경우에 발견되었다. 심지어 우리 인간의 복잡한 사회생활 속에서도 나타났다. 누군가 슬퍼서 울면 그 주위에 있는 사람들마저 아무 이유도 없이 슬퍼져서 울게 되는 현상을 누구나 한 번쯤은 경험해 봤을 것이다. 이것이 생물학적 사이클 전환 현상이다. 슬픔뿐만 아니라 기쁨도 동일하게 작용한다. TV의 코미디 프로를 보면 큰 웃음소리가 배경 음악처럼 자주 들린다. 누군가 웃는 사람 옆에 있거나 웃음소리를 들으면 그 진동을 통해 잘 웃게 되기 때문이다.

　누군가에게 친절을 베풀면 결국 하나의 사이클처럼 전환되어 다시 친절로 되돌아온다. 누군가에게 화를 내면 사이클처럼 전환되어 다시 화로 되돌아온다. 누군가를 행복하게 하면 사이클처럼 전환되어 우리에게 다시 행복이 되돌아온다. 누군가를 용서하면 다시 사이클처럼 전환되어 용서를 받게 된다. 학생들과 자녀들을 인정하고 사랑하면 반드시 같은 것들로 보답을 받는다. 신뢰하고 인정하고 사랑해 주는 만큼 자녀들과 학생들은 동일하게 보답을 해서 훌륭하게 잘 성장한다. 우리가 누군가에게 준 것은 무엇이든 반드시 되돌아온다.

생물학적 사이클 전환 현상은 사람과 사람, 기계와 기계끼리 이루어지는 것만이 아니다. 사람과 물질 사이에서도 일어난다. 우리가 마시는 물에게 '참 고마운 물이구나. 맛있는 물이구나. 고마워'라고 말하면, 그 물은 가장 맛있는 육각수의 결정체로 바뀐다. 신선하고 맛있는 물이 되어서 우리에게 보답한다. 같은 물이라도 '넌 참 맛이 없구나!' 저주하고 싫은 말을 하면, 그 물은 곧 가장 맛이 없는 결정체로 바뀐다.

물만이 그런 것이 아니다. 우리가 키우는 화초도 동일하다. 우리가 칭찬해 주고 감사하는 말을 하면, 그 화초는 어느 때보다 잘 자라고 싱싱해진다. 화초에게 불평하고 저주의 말을 하면 곧 시들고 죽어 버린다. 역시 생물학적 사이클 전환이라는 현상과 원리가 숨어 있다.

"사람이 누군가를 진심으로 돕고자 할 때 어김없이 스스로를 돕게 된다는 사실은 인생이 주는 아름다운 보상이다."

랠프 왈도 에머슨의 말처럼 타인을 행복하게 하면 어김없이 우리 자신이 행복해진다. 타인을 윤택하게 하면 어김없이 우리 자신이 윤택해진다는 사실은 인생이 우리에게 가르쳐 주는 아름다운 진리이며 보상이다.

중국 후한의 13대 196년 역사를 기록한 정사인 《후한서後漢書》에 용맹한 장수 마원馬援의 이야기가 나온다. 마원이 수많은 재산을 형제와 이웃에게 나누어 주고 자기는 초라한 차림으로 살았다는 사실을 기록하면서 다음과 같이 말하고 있다.

"무릇 재산을 늘리는 것은 능히 베풂으로써 비로소 의미가 있고(마음의 평정을 얻어 행복하게 되고), 그렇지 않으면 단지 돈을 지키는 노예에 불과하다凡殖貨財産, 貴其能施賑也, 否則守錢虜耳."

돈을 모으는 것보다 중요한 것은 돈을 제대로 쓸 줄 알아야 한다는 내용이다. 돈을 많이 버는 것도 중요하지만, 보다 중요한 것은 타인에게 베풀고 나눌 줄 알아야 한다.

"제 재산의 99% 이상을 살아 있는 동안이나 사망 시점에 자선 단체에 기부하겠습니다."

자기 재산의 99%를 흔쾌히 사회에 환원하겠다고 약속한 미국의 위렌 버핏을 본받자. 그는 다음과 같은 말도 했다.

"재산을 물려주는 것은 미국의 정신이 아닙니다. 모든 사람에게 돈을 벌 수 있는 동등한 기회가 골고루 주어지는 것이 바로 미국의 정신입니다."

워렌 버핏과 빌 게이츠, 멜린다 게이츠는 현재 수백 명의 부자들에게 적어도 부의 50%를 기부하겠다는 서약을 부탁하고 있다. 우리나라의 갑부들 중에서도 재산의 50% 이상을 내놓는 사람들이 나왔으면 하는 바람이 있다. 생물학적 사이클 전환이 작용하여 남을 행복하게 만드는 사람들이 보다 많이 참여할 것이다.

– 성공한 사람과 실패한 사람은 생각이 다르다

《단 하루를 살아도 주인공으로 살아라》의 저자인 오리즌 스웨트 머든은 '1%의 생각의 차이가 인생의 성패를 좌우한다'고 역설하고 있다. 실제로 돈을 많이 버는 사람들과 엄청나게 성공하는 사람들은 평범한 사람들이 해내지 못하는 어려운 일들을 보란 듯이 해내는 사람들이다. 분명 평범한 사람들과는 행동이 다르고, 생각이 다르고, 말이 다르다. 수많은 사람들은 그들의 성공 습관과 성공 행동들만 보고 무턱대고 따라 하려고 노력한다. 습관이나 행동만큼 눈에 잘 보이고 따라 하기 쉬운 것이 없기 때문이다.

하지만 간과하고 있는 사실이 있다. 그러한 행동의 차이, 습관의 차이를 발생시킨 근본적인 원인은 남다른 생각, 즉 생각의 차이라는 점이다. 그것도 큰 차이가 아닌 1% 정도의 작은 생각의 차이가 엄청난 큰 결과로 나타난다. 성공하는 사람과 실패하는 사람은 정확히 1% 정도의 생각의 차이를 보인다. 우리가 살아가면서 겪게 되는 수많은 사건과 사물과 인간관계를 바라보는 1%의 차이가 엄청난 습관의 차이, 행동의 차이로 확대되면서 성공과 실패를 나눈다.

소가 수레를 이끌듯 작은 생각들이 우리를 이끈다. 여기서 우리가 간과해서는 안 되는 것이 하나 있다. 성공을 원한다면 1% 정도 다르게 생각하면 된다. 하지만 위대한 업적을 달성하고자 하는 사람이라면 그것으로는 부족하다. 크고 위대한 생각을 해야 한다. '인간도 날 수 있다'는 위대한 생각이 비행기를 만들었고, '인간이 달에 갈수 있을 것이다'는 위대한 생각이 우주선을 만들었다. 작은 생각의 차이가 엄청난 결과를 가져온다면, 크고 위대한 생각은 불가능을 가능으로 만들고도 남을 만큼의 힘과 에너지를 낼 수 있다.

무엇을 하든 '자기 자신이 반드시 해낼 수 있다'는 생각으로 도전하는 사람은 아무도 막을 수 없다. 긍정과 확신의 생각은 엄청난 내적 에너지를 형성하기 때문이다. 미친 사람들은 보통 사람들보다 큰 힘을 발휘한다. 그들은 '자신은 힘이 없는 약한 존재이다'라는 마이너스적 생각을 완전히 배제해 버린다. 할 수 없다는 부정적인 생각을 안 하고 덤벼든다. 평범한 사람들이 갑자기 위기의 순간에 엄청난 괴력을 발휘하는 것도 같은 원리이다. 위대한 위인들이 위대한 업적을 달성해 낼 수 있었던 것도 '반드시 해낼 수 있다'는 강한 플러스적 생각을 하고 도전했기 때문이다.

고대 그리스의 철학자 플라톤은 말했다.

"당신의 생각을 잘 담아 두라. 그것으로 무엇이든 바라는 것을 할 수 있으니까."

우리의 생각은 우리가 바라는 모든 것을 할 수 있게 만들어 주는 위대한 힘이라는 사실을 그는 일찍이 알고 있었다.

우울증과 수많은 실패로 시련을 겪었던 링컨이 노예 해방이라는 위대한 업적을 완수하게 된 것은 위대한 생각 때문이었다. 위대한 생각은 수많은 주변 사람들의 비웃음과 조소를 이겨 내게 했다. 적들의 위협에 맞설 용기를 주었고, 아군들의 비겁한 후퇴에도 끝까지 전쟁을 승리로 이끈 에너지를 주었다. 노예 해방이라는 위대한 업적을 이루게 한 링컨의 위대한 생각은 이것이었다.

"나는 신과 약속했다. 이 일을 꼭 해낼 것이라고!"

위대한 생각을 하는 사람은 어떠한 시련과 역경 앞에서도 의연하게 버틸 수 있는 힘과 에너지가 내면에서 샘솟는다. 부족한 만큼 충분히 보충해 줄 만한 능력과 재능이 내면에서 형성되어 뿜어져 나오게 된다. 주위 사람들이 아무리 반대를 해도 설득시켜 함께 동참하게 만드는 에너지가 나온다. 반드시 해낼 수 있다는 확고부동한 신념이 내면으로부터 거대하게 형성되어 온 세상을 뒤덮는다.

크고 위대한 생각의 밑거름은 사고하는 능력이다. 아무리 지식이 많아도 사고하지 못하는 인간에게는 무용지물이다. 단순한 백과사전과 같다. 유명한 철학자 프랜시스 베이컨은 '아는 것이 힘이다' 라고 말했지만, 사고하는 능력이 없는 사람에게는 지식도 그 가치를 발휘하지 못한다. 아는 것보다 사고하는 능력이 더욱더 중요한 것이다.

"아는 것이 온전한 힘을 발휘하기 위해 생각과 상상이 반드시 필요하다. "

아무리 능력과 실력이 있다 하더라도 크고 위대한 생각을 하지 못하는 사람은 결국 평범한 삶을 살 수 밖에 없다. 평범한 사람일지라도 위대한 생각을 한다면 자신을 위대함으로 이끌 것이다. 위대한 생각을 하면 위대함으로, 긍정적인 생각을 하면 희망으로, 전략적이고 창의적인 생각을 하면 탁월한 성과와 업적으로 우리를 이끈다. 뛰어난 생각은 뛰어난 결과의 토대를 마련한다. 우리의 잠재력을 키워 주고, 또 다른 뛰어난 생각을 불러온다.

위대한 생각이 중요한 이유는 더 많다. 위대한 생각은 어제의 한계를 뛰어넘게 해주는 원동력이다. 우리는 우리가 생각하는 만큼의 인간이 된다. 생각의 크기가 미래의 크기이다. 크고 위대한 생각을 해야 한다. 크고 위대한 생각을 하면 크고 위대한 삶을 살 수·있지만, 작고 평범한 생각을 하면 작고 평범한 삶밖에 살 수 없다.

이제 긍정적으로 생각하는 것만으로는 부족하다. 적극적으로 생각하는 것만으로도 부족하다. 긍정과 부정을 모두 뛰어넘는 위대한 생각을 해야만 긍정적인 나를 뛰어넘어 위대한 자신이 될 수 있다. '나는 매우 운이 좋은 사람이야', '나는 잘될 거야' 하는 긍정적인 생각은 결국 그 정도의 잘되는 사람을 만든다. '나는 이 세상을 변화시킬 거야', '나는 인류의 지도자가 될 거야'라는 크고 위대한 생각은 그냥 출세하고 성공하는 사람의 수준이 아닌, 말 그대로 위대한 인간을 만들 수 있다.

– 긍정적인 생각보다 위대한 것이 있다

긍정적인 생각보다 위대한 것은 크고 위대한 자신을 구체화 시키고 시각화할 수 있는 상상력이다. 미국의 심리학자 찰스 가 필드 박사는 전 세계 수백 명의 정상급 스포츠 선수들을 연구했 다. 그는 자기 분야에서 큰 성공을 거둔 선수들을 지난 20년 동 안 인터뷰해 왔다. 마침내 그는 단순히 긍정적인 생각보다 구체 적으로 가시화하는 상상력이 보다 큰 효과를 만들어 낸다는 사 실을 입증했다.

"인생행로에서 성공의 열쇠는 자신이 어디로 가고 싶다는 것을 구체적으로 정확하게 그려내고 가시화하는 데 있다."

자신이 승리하는 모습을 구체적으로 상상하고 시각화할 경 우, 실제로 현실이 된다는 사실을 그는 발견해 낸 것이다. 이와 같은 주장을 뒷받침하는 사례는 매우 많다. 전쟁 포로였던 한 피아니스트는 오랫동안 감방에 갇혀 피아노를 연주하지 못했 다. 대신 자신이 피아노를 연주하는 모습을 매일 상상하였다. 전쟁이 끝난 후 그는 상상 속에서 연주한 것과 동일하게 연주를 해낼 수 있었다.

긍정적인 생각을 넘어 자신이 원하는 모습을 구체적으로 시각화하고 그려 보는 것이 더 중요하다는 사실을 발견한 학자는 또 있다. 현대 심리학의 창시자로 평가받고 있는 윌리엄 제임스이다. 그는 이런 말을 했다.

"심리학에는 한 가지 법칙이 있다. 원하는 그림을 마음속에 그려 보고 충분히 오랫동안 간직하면 얼마 뒤 자신이 생각한 대로 실현된다는 것이다."

이제 우리는 '잘될 것이다', '나는 점점 나아지고 있다'라는 생각을 넘어 구체적으로 자신이 성공한 모습을 마음속에 그리고 시각화할 필요가 있다. 자신이 원하는 모습을 마음껏 상상하고 그려 보아야 한다. 상상과 시각화가 우리 내면에 숨어 잠자고 있던 에너지와 능력을 깨우는 스위치 역할을 하기 때문이다. 가급적 크고 위대한 상상을 해야 한다. 우리가 상상하는 만큼 성장하고 성공할 수 있다. 우리는 크고 위대한 상상을 하는 사람이 되어야 한다. 우리가 하는 상상의 크기만큼 성장하고 성취한다는 사실을 명심하자.

"긍정적인 생각을 하면 긍정적인 사람이 될 수 있다. 그것을 뛰어넘어 위대한 생각을 하는 사람은 위대한 사람이 될 수 있다.”

벤저민 디즈레일리의 말처럼 우리는 자신의 생각보다 높은 곳으로 오르지 못한다. 크고 위대한 생각을 해야만 하는 것이다. 지혜의 왕인 솔로몬도, 사도 바울도, 아인슈타인도, 셰익스피어도 생각의 중요성을 설파했다. 성공한 사람의 생각은 성공에 집중되어 있고, 위대한 사람의 생각은 위대함에 집중되어 있고, 평범한 사람의 생각은 일상에 집중되어 있다.

제임스 앨런의 표현을 빌리자면, ‘인간의 생각은 그가 원하는 것이 아니라 그의 모습을 이끌어 낸다’고 말했다. 랠프 왈도 에머슨의 말대로 ‘하루 종일 어떤 생각을 하느냐에 따라 그 사람의 모습이 정해지’기 때문에 우리의 마음과 생각을 다잡아야 한다. 무기력한 자신의 모습을 생각하지 말고, 자신의 나약함을 뛰어넘는 강한 생각을 해야 한다.

환경 때문에 어쩔 수 없다고 하는 사람들을 위해 다시 제임스 앨런의 표현을 빌려 답하고자 한다. ‘상황이 인간을 만드는 것이 아니라, 인간의 내면이 상황으로 드러나는 것일 뿐이다’라고 말이다. 어떠한 상황과 약점이라도 이겨 내는 유일한 힘, 강력한 힘은 우리의 생각이다.

호텔왕 콘라드 힐튼은 ‘호텔왕인 나와 평범한 호텔 직원과

의 차이는 오직 하나, 성공을 상상하는 능력 외에는 없다' 라고
말했다. 우리가 우리의 마음으로 생각하고 상상하는 것이 가장
강력한 힘이라는 사실을 힐튼 호텔의 창립자인 호텔왕이 분명
하게 자신의 삶을 통해 대변해 주고 있다.

그는 가난한 행상의 아들로 태어나 잠자리도 없이 이곳저곳
을 떠돌아다니며 생활했다. 떠돌이였던 그는 성공을 상상하는
능력, 큰 생각, 위대한 생각을 통해 위대한 사람이 될 수 있었
다. 그는 생각의 힘이 얼마나 다양하고 강력하게 작용할 수 있
는지, 다음과 같은 말을 했다.

"이 쇠막대기를 그냥 두면 아무 가치가 없지만, 말발굽을
만들면 10달러 50센트를 벌 수 있다. 바늘을 만든다면 3,250
달러를 벌 수 있고, 용수철을 만들면 250만 달러를 벌 수 있
다."

똑같은 인간이지만 크고 위대한 생각을 할수록 크고 위대한
인생을 살 수 있다는 말이다.

적극적 사고방식, 긍정적 사고방식의 창시자로 평가받는 노
먼 빈센트 필은 자신의 대표 저서인 《적극적 사고방식》이란
책을 통해 적극적 사고방식의 중요성과 효과를 아주 자세하게

설명했다.

　그가 주장하는 핵심은 '우리가 믿고 생각하는 대로 이루어지는 것이 바로 우리의 인생'이다. 긍정적으로, 적극적으로 생각하면 우리 주변의 모든 환경이 그러한 결과를 낳기에 적합한 환경으로 조성된다고 한다. 이와 반대로 부정적이고 소극적으로 생각하는 사람에게는 주변의 모든 환경들이 그러한 결과를 낳기에 적합한 환경으로 조성되어 결국에는 성공적인 삶을 살 수 없다고 한다.

상상이 창조의 시작이다. 갈망하는 바를 상상하라. 상
상한 것을 추구하라. 그러면 마침내 추구하는 바를 창
조하게 될 것이다. — 조지 버나드 쇼

우리는 오늘 우리의 생각이 데려다 놓은 자리에 존재한다. 우리는 내일 우리의 생각이 데려다 놓을 자리에 존재할 것이다.

　　　– 제임스 앨런

많은 사람이 사고와 행동, 결과의 제약을 받고 있다. 그들은 스스로 정한 한계를 절대로 벗어나려 하지 않는다.

　　　– 존 맥스웰

모든 진보와 성공은 생각으로부터 나온다. – 토마스 에디슨

가질 수 있다고 생각하면 이 세상에 가질 수 없는 것은 단 하나도 없다. –로버트 콜리어

생각이야말로 모든 부, 모든 성공, 모든 이익, 모든 위대한 발견 및 발명품, 그리고 모든 성취의 원천이다.

　　　– 클라우드 M. 브리스톨

나는 의식적인 노력으로 자신의 삶을 높이고자 하는 인간의 확실한 능력보다 더 훌륭한 일은 없다고 생각한다.

　　　– 헨리 데이비드 소로

– 인생이 달라지기를 원한다면 생각을 바꾸어야 한다

과학자들은 인간이 하루를 살면서 거의 6만 가지 정도의 생
각을 한다는 사실을 밝혀냈다. 거의 1초마다 한 가지씩 생각하
는 꼴이다. 그래서 이토록 생각의 힘이 강력한 것이다. 놀라운
사실은 하루 종일 하는 6만 가지 생각 중에서 95%는 어제나
그제 했던 것과 똑같은 생각이라는 것이다. 우리가 일상의 행동
패턴이 거의 비슷하듯이 우리의 생각도 그 틀에서 벗어나지 못
하고 있다. 다람쥐가 쳇바퀴 도는 것과 같은 양상이 우리의 사
고에도 그대로 발생한다.

더욱더 충격적인 사실은 우리 대부분이 습관처럼 반복하는
생각의 80%가 긍정적이지 못하다는 것이다. 매일 4만 5,000
가지나 되는 부정적이고, 소극적이고, 절망적인 생각들로 가득
차 있는 세계가 우리 인간의 생각이다. 생각을 바꾸는 사람은
그야말로 인생이 바뀔 정도로 큰 효과를 본다는 사실이 과학적
으로 증명된 것이다.

어리석은 인간의 측면을 가장 잘 꿰뚫어 본 사람 중 한 명이
아인슈타인이다. 그는 '어리석음이란 계속해서 같은 일을 반
복하면서도 다른 결과를 기대하는 것'이라고 말했다. 인간은
정말 어리석게도 평생 사고와 생각을 바꾸지 않고 어제 했던 부

정적인 생각들을 반복하면서 인생이 바뀌기를 기대하는 양상인 셈이다. 인생이 달라지기를 바란다면 가장 먼저 우리의 생각을 바꿔야 하는 것이다.

"인생이 달라지기를 원한다면 우리의 생각을 먼저 바꾸어야 한다."

《성공의 정석》의 저자인 존 맥그라는 '본질적으로 성공은 마음먹기에 달려 있기 때문에 성공과 실패는 맞물려 있다'고 말했다. 하루 24시간을 어떻게, 무엇을 위해 사용하느냐에 따라 미래가 결정된다. 하루 종일 어떤 생각, 무슨 생각을 하느냐에 따라 오늘이 결정된다. 인생을 어떻게 생각하느냐에 따라 인생이 바뀐다는 사실을 그는 주장하고 있다.

크고 위대한 생각을 할 줄 아는 사람들은 모두 하나같이 크고 위대한 인생을 살았다. 그 사람들이 보통 사람들보다 뛰어나고 위대한 사람이었기 때문이 아니다. 잠자던 크고 위대한 능력을 깨울 생각을 할 줄 알았던 사람이었기 때문이다.

우리 모두는 누구나 위대한 인생을 살아가거나 기적과 같은 놀라운 일을 해낼 수 있다. 다만 그렇다고 생각하는 사람에게만 가능하다는 사실도 함께 명심하자. 누구나 기적을 만들어 낼 수 있지만, 자신이 기적을 만들어 낼 존재라는 사실을 깨닫고, 거기에 걸맞은 위대한 생각을 할 줄 아는 사람은 극히 적다. 그래서 위대한 인물들이 극히 적은 것이다.

1,800년 전에 <명상록>에 로마 황제인 마르쿠스 아우렐리우스가 한 말은 아직도 유효한 진리이다.

"인생은 그 사람의 생각의 소산이다."

그는 생각의 소산 중에 행복과 성공을 모두 포함했다. 결국 행복도 우리의 생각에 의해 결정된다고 보았다.

"인생의 행복은 당신의 생각이 어떤가에 달려 있다."

우리가 행복하기 위한 기술은 생각을 붙잡고, 생각을 행복하게 하는 것이다. 그것도 바로 지금 생각하는 것이 우리의 미래를 결정한다.

지금 우리가 생각하는 것이 위대하다면, 우리의 미래는 위대하게 될 것이다.

지금 우리가 생각하는 것이 행복이라면, 우리의 미래는 행복하게 될 것이다.

지금 우리가 생각하는 것이 성공이라면, 우리의 미래는 성공하게 될 것이다.

지금 우리가 생각하는 것이 숭고하다면, 우리의 미래는 숭고하게 될 것이다.

지금 우리가 생각하는 것이 평화라면, 우리의 미래는 평화롭게 될 것이다.

위대한 인생의 씨실이 위대한 사람이라면, 날실은 위대한 생각이다. 아무리 위대한 사람이라도 위대한 생각을 하지 않으면 결코 위대한 인생을 살아갈 수 없다. 위대한 삶의 기적이 변화로부터 시작된다면, 그 변화를 이끄는 것은 우리의 위대한 생각이다. 실패와 시련을 성공과 축복으로 변화시키는 것도 우리의 위대한 생각이다. 역경과 고통을 기쁨으로, 성공으로 변화시키는 가장 근본적인 힘도 우리의 위대한 생각이다. 가난을 부로 변화시키는 것도 우리의 위대한 생각이다. 슬픔과 우울증을 극복하여 기쁨과 즐거움으로 바꾸는 것도 우리의 위대한 생각이다.

– 대부분의 사람들은 자기 생각의 틀 속에 갇혀 살고 있다

대부분의 사람들은 자신의 사고 틀 속에서 갇혀서 조용한 절망의 삶을 살아가고 있다. 그러다 좋은 책을 읽거나 좋은 아이디어가 생각나서 크고 위대한 생각을 하게 되면, 바로 그 순간 상상도 못 한 힘과 에너지와 기쁨이 솟아나게 된다. 문제는 누구나 쉽게 생각이 바뀌지는 않는다는 점이다. 그래서 여행을 가거나 이민을 가기도 한다. 환경이 바뀌면 전혀 다른 사람이 되는 경우가 있다. 생각이 변하기 때문이다.

매일 부정적인 생각으로 가득 차 있다가도 자신이 좋아하는 취미 생활을 가질 수 있다. 취미에 심취하면 재미없고 따분한 삶에서 180도 바뀌어 활기찬 삶을 살아가게 된다. 생각의 틀에서 조금이라도 벗어날 수 있도록 취미가 도와준다. 취미 생활을 좋아하게 되고, 좋아하기에 자연스럽게 몰입할 수 있게 된다. 부정적인 생각들을 그 순간 끊어 버릴 수 있다. 몰입하여 집중하면 기분이 좋아지고, 상쾌해지고, 경우에 따라서는 쾌감도 느낀다. 이러한 것들이 모두 부정적인 생각을 잠시 멈추게 도와준다.

부정적 사고는 위력이 너무나 강력하다. 우리는 모두 부정적

사고의 노예라고 해도 과언이 아니다. 어떤 성공학 도서에서는 부정적인 생각들이 에너지의 흐름을 방해하기 때문에 좋지 못하다고 한다. 필자는 그 이상의 부정적인 효과가 있다고 말한다.

긍정적인 생각이 긍정적이고 좋은 에너지를 형성하고 발산하듯, 부정적인 생각은 부정적이고 나쁜 에너지를 형성하고 발산한다. 부정적 사고를 많이 하면 부정적 에너지가 자신의 몸과 마음에 가득 차게 된다. 잘할 수 있는 일도 못하게 된다.

대부분의 사람들은 알게 모르게 긍정적인 생각보다 부정적인 생각을 훨씬 더 많이 한다. 부정적 사고를 평균적인 사람들보다 조금이라도 적게 하는 사람은 그만큼 뛰어난 존재가 될 수 있고, 큰일을 해낼 수 있게 된다. 긍정적인 생각을 통해 자신의 내면에 존재하지만 미처 발견하지 못한 엄청난 힘과 능력이 솟아나기 때문이다.

우리는 무엇을 하기 전에 의식적으로, 무의식적으로 '할 수 있다'는 생각보다 '할 수 없다'는 생각을 너무나 많이 한다. 의도적으로 '할 수 있다'는 생각을 하고자 노력해야 한다. 여러 번 자신의 한계를 뛰어넘어 본 경험이 있는 사람은 무의식적으로 '할 수 있다'는 생각이 훨씬 더 강력하게 작용한다. 작은 일에 성공해 본 사람은 큰일에서 성공하기가 그만큼 쉽다.

– 가장 조심해야 할 것은 생각이다

러시아의 역도 선수에게 실제로 있었던 일이다. 그녀는 역도 유망주로 매일 새로운 신기록을 세우면서 실력이 날마다 증가했다. 그러던 중 250kg에서 성장이 멈추었다. 아무리 연습을 해도 도저히 250kg의 무게를 들 수 없었다. 설상가상으로 많은 학자들과 의사들까지도 250kg을 드는 것은 한계라고 설정해 버렸다. 안타까운 한계의 벽에 부딪혀 노심초사하던 역도 팀에게 심리학자가 제안을 했다. 참으로 황당한 제안이었다. 역도 선수 모르게 실제 251kg 무게의 역기를 249kg이라고 속인 후에 연습하게 하라는 제안이었다.

그 결과는 놀라웠다. 그토록 넘기 힘들던 250kg을 너무나 어이없이 쉽게 들어 버렸던 것이다. 그 후로는 엄청난 속도로 세계 신기록을 80차례나 경신하기에 이르렀다. 역도 선수는 250kg의 역기를 들면서 언제나 '한 번도 들지 못했던 250kg이다. 과연 할 수 있을까?' 라는 의심을 가졌다. 매일 반복되는 실패를 통해 '어제도 못 들었던 250kg이니까 오늘도 힘들겠지!' 라는 소극적이고 부정적인 생각의 힘에 빠져 있었다. 249kg이라고 속이자 '어제도 쉽게 들었던 249kg이군. 이것쯤이야!' 라는 긍정적인 생각을 가지게 되었다. 역도 선수는 비로소 251

kg을 들게 되었다. 바로 이것이 생각 스위치의 위력이다. 인간의 한계는 육체가 아니라 오히려 생각에 있다는 사실이 아이러니하게도 육체와 가장 밀접한 스포츠 분야에서 일어났다.

프랑스의 작가인 앙드레 모로는 인간에게 가장 무서운 것은 정신의 감옥에 갇혀 지내는 것이라고 말했다. 그의 말대로라면 대부분의 사람들은 자기 생각의 틀인 정신의 감옥에 갇혀 평생 살아가는 것과 다를 바 없다. 실패를 생각하고 두려워하는 사람은 평생 실패를 벗어날 수 없고, 건강을 걱정하고 병을 두려워하는 사람은 그러한 악영향 속에서 살아가야 된다. 한 번도 하지 못했던 일을 해야 한다고 생각하기보다는 해낼 수 있는 새로운 일을 해 보자는 생각으로 살아가야 할 필요가 있다. 최소한 생각의 틀 속에서 벗어나는 인생을 살아가야 할 것이다.

데일 카네기는 다음과 같은 말을 했다.

"가장 조심해야 할 것은 가난도 질병도 아닌 당신의 생각입니다. 생각이 당신의 삶을 지배하니까요."

정말 그렇다. 생각이 우리의 몸과 마음의 한계를 정한다. 생각이 우리 인생의 크기와 넓이와 높이를 결정짓는다. 작고 평범한 생각을 하지 말고 크고 위대한 생각을 해야 한다. 우리가 어떤 생각을 하든, 그 생각이 우리의 삶을 지배한다. 우리가 크고 위대한 생각을 해야 하는 이유이다.

위대한 생각을 하면 그 생각이 우리를 위대함으로 이끈다는 사실을 강조하고 싶다. 우리의 뇌에서 상상하고 생각하는 것과 실제로 우리가 경험하는 실제 사실을 자율 신경계는 구별하지 못한다. 뇌 속에서 상상하면 우리 자율 신경계는 실제 일어난 일로 받아들여 몸이 반응한다. 부정적인 생각을 많이 할수록 건강이 나빠지고, 긍정적인 생각을 많이 할수록 건강이 좋아지는 현상에 대한 설명이다.

크고 위대한 생각이 인간의 한계를 뛰어넘게 한다. 크고 위대한 생각이 불치의 질병으로부터 생명을 구해 준다. 크고 위대한 생각이 불행 속에 빠져 있던 사람들을 행복하게 변화 시킨다.

– 인간의 한계를 뛰어넘게 하는 힘은 생각에서 비롯된다

먼저 크고 위대한 생각을 통해 인간의 한계를 뛰어넘은 경우인 로저 베니스터의 사례를 보자. 그는 불과 반세기 전에는 불가능하다고 모든 사람이 생각한 것을 가능하다고 실제로 입증한 사람이었다. 성공학 도서나 자기 계발 도서에 단골로 등장한다. 대부분의 도서들은 그가 불가능을 가능하게 했던 원인으로 신념을 강조한다.

당시에는 대부분의 전문가들조차 '인간은 1마일을 도저히 4분 안에 돌파할 수 없는 존재이다'라고 못 박고 있었다. 그때까지 1마일을 4분 안에 돌파한 사람은 단 한 사람도 없었다. 무엇보다 그는 당시의 통념이 되어 버린 1마일을 4분 안에 돌파할 수 있는 사람은 없다는 마음의 벽을 과감하게 넘어섰다.

수많은 사람들은 신념이 가능하게 했다라고 말한다. 어떤 도서는 옥스퍼드 의대생이기도 했던 그가 의학적인 지식을 가지고 스피드 향상을 위해 새로운 방법으로 훈련을 했기 때문에 가능했다고 말한다. 하지만 신념도, 과학적인 훈련 방법도 뛰어넘는 획기적인 방법을 사용했다는 사실을 우리는 추가로 알아야 한다. 바로 그는 '생각 스위치'를 사용했다는 것이다.

수많은 전문가들은 온갖 연구를 통해 인간이 1마일을 4분 안에 돌파할 수 없는 이유를 댔다. 인간의 심폐 기능에 문제가 생겨 터져 버릴 것이라고 주장하기까지 했다. 로저 베니스터는 매일 눈을 감고 상상 속에서 1마일을 4분 안에 돌파하는 모습을 생각했다. 그는 1마일을 4분 안에 달리는 자신의 모습을 상상했고, 생각이라는 스위치를 최대한 가동시켰다. 그 결과 자신이 상상했던 대로 1마일을 정확히 3분 59.4초로 돌파한 최초의 사람이 되었다.

그가 인간의 한계라고 믿었던 벽을 깨어 부술 수 있었던 것은 신념도 아니었고, 체계적인 훈련도 아니었다. 상상이라는 생각의 힘이었다. 상상은 신념보다 열 배 이상의 힘을 발휘한다. 그로부터 1년 안에 37명이라는 선수들이 그 장벽을 깼다. 수백 년 동안 단한 명도 넘지 못했던 한계의 벽을 로저 베니스터가 깨자, 선수들은 너나없이 그 벽을 넘어설 수 있었다. 여기에 작용한 것도 생각이라는 스위치이다. 그 전에는 아무도 할 수 없다는 생각이 그 만큼의 실력만 가진 선수로 붙잡았다. 누군가 한 명이 깨자 '인간도 1마일을 4분 안에 돌파 할 수 있구나. 그렇다면 나도 할 수 있겠다'라고 생각하게 되었다. 의심하지 않고 확고하게 생각하자마자 너도나도 할 수 있었다.

필자는 국내의 대기업에서 연구원으로 십 년 이상 직장 생활을 했다. 현재 그 기업의 신종균 사장이 부장이었을 때에 함께 팀원으로 일하면서 보필한 적이 있다. 개인적으로 그분의 카리스마와 인간미 넘치는 모습을 옆에서 지켜보면서 참 멋진 분이라고 느끼곤 했다.

무엇보다 그분과 함께 일을 하면서 크게 배운 점은 사고방식이었다. 좀 더 솔직하게 말하자면, 그분은 그렇게 좋은 학벌을 가진 사람도 아니었고, 좋은 실력을 가진 사람도 아니었다. 그분보다 훨씬 좋은 학벌을 가진 사람들이 회사 내에 많았지만, 일개 학사 출신으로 현재 국내 최고 기업의 사장 자리에 올라간 것을 보면 그분만의 놀라운 무엇이 있다고 봐야 한다.

그분이 국내 최고 기업의 사장 자리까지 오르게 해준 것은 좋은 능력과 재능, 학벌, 출신 배경이 아니었다. 필자는 십 년 넘게 회사에 있으면서 해외 유명 대학의 석사와 박사들이 회사를 그만두고 나가는 모습을 보았다. 실력과 재능이 뛰어난 인재들도 회사를 그만두고 나가는 모습을 보았다. 학벌이 아무리 좋아도, 실력과 재능이 아무리 뛰어나도 모두 중간에 회사를 그만두고 제2의 인생을 살거나 다른 회사로 옮겨 갔다. 그럼에도 그분은 현재 국내 최고 기업의 사장이 되어 승승장구하고 있다.

과연 그분의 성공 비결은 무엇일까? 바로 '자신감'과 '궁즉통窮則通'의 사고방식이다. '할 수 있다', '될 수 있다'는 자신감이 충만한 생각이다.

113

필자가 신입 사원이었을 때 동기가 집들이를 하게 되었다. 그분도 집들이에 오셔서 함께 즐거운 시간을 보냈다. 식사를 한 뒤 집에 돌아갈 사람은 가고 남은 사람은 기분을 살리기 위해 작은 도박판이 벌어졌다. 당연히 그분도 참여를 했다. 다음 날 아침 출근하니 도박판의 결과에 모두들 흥미를 갖고 있었다. 이번에도 어김없이 그분이 싹쓸이를 했다고 한다. 그 비결은 자신감이었다. 아무리 안 좋은 패를 가지고 있어도 돈을 딴다는 것이다.

배짱과 자신감은 크고 위대한 생각이 아닐 수 없다. 우리의 삶도 어떻게 보면 작은 도박판과 다름없다. 그분은 아무리 위기 상황에서도 반드시 길이 있고, 반드시 이겨 낼 수 있다는 사고방식을 가진 분이었다.

필자가 신입 사원일 때 SGH-600 모델의 휴대폰을 개발할 때의 일이다. 너무나 오랫동안의 연구 기간은 연구원들을 모두 지치게 만들었다. 엎친 데 덮친 격으로 IMF가 터졌다. 그러한 상황에서 SGH-600이란 모델을 포기하지 않고 끝까지 밀고 나갔다. 가전 회사, 반도체 회사에서 휴대폰도 만들 줄 아는 회사라는 인식을 전 세계에 심어 준 계기가 되었다.

그때 상상도 못 할 어려운 환경과 여건 속에서도 신종균 사장은 흔들림이 없었다. 지쳐서 좌절 속에 있던 팀원들에게 계속 강조한 말은 바로 궁즉통의 사고방식이었다. '궁하면 반드시 통한다'라는 것이다. 이러한 생각은 정말로 큰 스위치의 역할을 했다. 결국 우리 팀은 전무후무한 베스트셀러 휴대폰을 만들 수 있게 되었다. 만약 우리 팀이 중간에 포기했다면 지금의 휴대폰 강국인 한국이 존재하지 않을 수도 있었다.

어떤 상황과 악조건도 기회로 삼아 반전을 모색해야 한다. '반드시 할 수 있다'는 생각은 실제 할 수 있는 힘과 에너지를 만드는 위대한 생각 스위치이다. '궁하면 통하리라'는 말은 가장 힘들 때, 가장 어려울 때 힘을 내면 반드시 해결책이 있다는 희망적인 사고방식의 정수이다.

가장 힘들 때가 가장 큰 변화의 순간이다. 참고 인내하면 반드시 변화가 오고 통하게 되어 있다. 가장 어두울 때가 해 뜨기 직전이라는 자연 현상도 있다. 가장 힘들어서 더 이상 참을 수 없을 때가 참아야 할 때이다. 가장 힘든 순간은 그 힘든 순간이 거의 다 끝났다는 사실을 반증하는 순간이기 때문이다.

– 생각만으로 행복과 성공을 불러들일 수 있다

위대한 생각은 우리를 위대함으로 이끈다. 인류 최초의 비행을 가능하게 했던 라이트 형제는 언제나 크고 위대한 생각을 가슴 속에 품었다. '나는 비행이 가능하다고 믿는다' 라고 말한 윌버 라이트의 말대로 정말 비행을 하였다. 라이트 형제에게 가장 큰 힘이 되어 준 것은 '나는 하늘을 날 것이다' 라는 위대한 생각이었다.

이순신 장군의 위대함은 한둘이 아니지만, 가장 큰 힘은 무엇보다 크고 위대한 생각이다. 수만 대군의 왜적과 싸워야 하는 이순신 장군 앞에 겨우 열두 척의 배 밖에 없었다. 이러한 최악의 상황에서 그는 다음과 같은 말을 했다.

"우리에겐 아직 열두 척의 배가 있다."

긍정적이고 위대한 생각이 세계 해전 사상 가장 빛나는 전투의 명장으로 칭송받는 원동력이 되었다.

현실적으로 1만 시간의 연습을 하고 노력을 기울인다고 해서 모두 그 분야에서 세계적인 대가가 되고 성공하지는 않는다. 냉정한 현실을 통해 우리가 간과해서는 안 되는 것이 생각의 힘이다. 마음의 벽, 한계의 벽을 허물 수 있는 것은 오로지 생각이다.

그냥 연습을 한 사람과 '나는 반드시 세계 최고가 될 거야', '나는 최고다'라고 생각하면서 연습한 사람은 확연한 차이가 있다. 희망적이고 긍정적인 생각을 하면서 연습한 양은 물리적인 시간 차이와는 차원이 다른 결과를 낳는다. 생각의 힘이 1만 시간의 노력을 가능하게 하는 습관의 힘이나, 인내의 힘, 노력의 힘, 목표의 힘, 목적의 힘보다 크다는 사실을 반증하고 있다.

심리학에서는 의식과 무의식의 관계를 아주 쉽게 빙산의 일각으로 표현한다. 의식은 빙산의 일각이고, 수면 아래에 보이지 않는 나머지 큰 부분이 우리의 몸과 마음, 행동에 크게 영향을 주는 무의식의 세계라고 보고 있다. 무의식의 세계는 잠재의식의 세계이다. 잠재의식을 많이 깨우면 그야말로 큰 업적을 달성할 수 있다. 우리의 행동과 성격에 깊숙이 영향을 미치는 것이 잠재의식이기 때문이다.

의식보다 무의식의 영향력과 지배력이 크기 때문에 더더욱 위대한 생각의 스위치가 필요하다. 평범하고 시시한 생각을 하면 큰 변화와 행동을 유발하지 않는다. 일생일대의 큰 생각을 하고 위대한 생각을 하면, 자다가도 벌떡 일어날 만큼 강력한 힘과 에너지가 솟아난다. 평범하고 시시한 생각은 아무리 좋은 생각이라도 추진력이 없다. 크고 위대한 생각을 하면 없던 에너지가 만들어지고, 없던 능력이 형성되고, 없던 추진력이 생기게 된다.

우리는 생각만으로 행복과 성공을 불러올 수 있다. 또한 생각만으로 불행과 실패를 불러올 수도 있다. 심리학 용어로 자성 自成 예언이라고 한다. 자신이 앞으로 어떻게 될 것이라고 생각하고 믿으면 진짜 그렇게 된다는 현상이다. 일종의 피그말리온 효과와 플라시보 효과와 비슷한 개념이다.

어떤 사람이 무슨 일을 하는 동안 내내 '이 일은 잘 안될 것이다'는 생각을 갖고 하면 실제로 그렇게 되기 십상이다. 부정적 생각이 그 사람의 능력과 에너지, 창조성을 막아 버리는 마이너스 스위치의 역할을 하기 때문이다.

반대로 어떤 사람이 '나는 큰 부자가 될 것이다', '나는 수많은 사람들이 존경하는 사람이 될 것이다', '나는 지금 하고 있는 일을 통해 크게 성공할 것이다' 라는 생각을 하면서 살아가는 사람은 실제로 그렇게 될 공산이 매우 크다. 성공한 수많은 사람들은 일이 잘 안될 때도 '잘될 것이다', '이번만

지나면 역전될 것이다' 라는 긍정적이고 희망적인 생각을 했던 사람들이다. 심지어 큰 실패로 결과가 났다 해도 성공하는 사람들은 결코 단념하지 않는다. '보다 큰 성공을 위해 좋은 밑거름이 될 것이다', '이 일로 나는 더욱더 성공에 가까워졌다' 라는 생각을 한다.

우리가 어떤 생각을 하느냐에 따라 미래와 현재의 자세와 태도, 방향이 결정된다. 생각이 행동과 습관의 씨앗이기 때문이다. 성공과 실패를 가르는 것은 행동과 습관의 씨앗인 생각 그 자체다. '우리는 다름 아닌 우리의 생각' 이다. '오늘의 우리는 어제 우리가 한 생각' 이라고 표현할 수 있는 것이다.

더불어 아무리 세상의 모든 것을 가져서 성공한 사람이라도 행복하지 않다면 무가치해질 것이다. 행복한 삶의 중요한 토대가 건강이다. 건강하지 않으면 행복한 삶을 지속할 수 없다. 건강과 매우 밀접한 관련이 있으면서 오히려 건강을 지켜 주는 것이 있다. 불치병으로부터 다시 건강한 삶을 되찾아 주기도 한다. 바로 긍정적인 생각의 힘이다. 긍정적인 생각이 건강에 결정적인 역할을 한다는 사실이 수많은 사례들을 통해 알려지고 있다.

서울대학교 병원장 한만청 교수는 말기 간암으로 진단받았다. 설상가상으로 이미 폐까지 전이된 상태였고, 급기야는 생존율이

5% 미만인 상황이었다. 그 역시 이 사실을 알게 된 처음에는 원망과 분노, 후회, 절망과 같은 부정적인 생각으로 가득 차서 정말로 죽을 것만 같았다. 하지만 그는 마음을 긍정적으로 바꾸기로 결심했다. 긍정적인 생각에 집중하고 노력했다.

먼저 그는 자신의 병을 생존율이 5%밖에 안 되는 병이라고 생각하지 않았다. 생존율이 5 %나 되는 좋은 병이라고 생각했다. 생명을 앗아가는 무시무시한 병이 아니라, 감기처럼 일주일 정도 고생하면 없어지는 작은 병이라고 생각했다. 때가 되면 없어질 것이라는 믿음을 가지고 편안하게 생활하면서 긍정적인 생각, 큰 생각, 위대한 생각을 했다. 그 결과 그의 병은 기적처럼 완치되었다. 그를 치료한 것은 최신 외과 수술도 아니고, 연습이나 실천도 아니었다. 오직 위대한 생각이었다.

위대한 생각은 우리를 위대함으로 이끌고, 긍정적 생각은 우리를 충만함으로 이끌고, 희망적 생각은 우리를 도전함으로 이끌고, 남다른 생각은 우리를 전략가로 이끌고, 적극적 생각은 우리를 성공으로 이끈다.

생각만으로 불치병을 고친 사례는 이제 너무 흔해졌다. 미국에서 실시한 한 연구 결과를 보자. 암 환자 중에 자신의 암을 고질병, 절대로 고칠 수 없는 병이라고 생각한 환자들의 완치율은

38%인데, 고칠 수 있는 병이라고 생각한 환자들의 완치율은 70%였다고 한다. 똑같은 불치의 병에 걸린 사람들이라도 병을 고칠 수 있다고 생각한 환자들이 2배나 완치율이 높았다.

에필로그 : 성공과 행복은 우리 안에 있다

세계적인 베스트셀러 작가인 파울로 코엘료는 《연금술사》에서 다음과 같은 말을 했다.

"무언가를 간절히 바라면 온 우주가 당신의 소망이 실현되도록 도와준다."

이 말은 우리가 행복하고 성공적인 삶을 살아가는 데 있어 가장 명심해야 할 말 같다. 간절함은 우리로 하여금 움직이게 하고, 생각하게 하고, 돌파하게 하는 힘을 준다. 그것이 바로 성공과 행복의 삶으로 옮겨 가게 해주는 최대의 원동력이다. 간절하게 보다 나은 삶을 소망하고, 그 간절한 소망으로 실천하면 누구라도 반드시 행복하고 성공적인 삶을 살아갈 수 있다.

미래는 절대 기다려서는 안 된다. 우리 스스로가 만들어야 한다. 행복과 성공도 절대 기다려서는 안 된다. 간절히 바라고 만들어 나가야 한다. 우리는 성공하고 행복하게 사는 기술을 이 책을 통해 배웠다. 이제는 그러한 삶을 실제로 살아 보자.

성공과 행복의 기술은 우리 안에 있다. 우리 안에 있는 마음이 우리를 행복하고 성공적인 삶을 살아갈 수 있게 해주는 도구가 된다는 사실을 명심하자.

2차 세계대전 중에 이탈리아에서 근무하던 미국의 의사 헨리 비처는 부상병들이 쉴 새 없이 몰려들고 고통을 호소하자 바닥 난 모르핀 대신 아무 영향도 줄 수 없는 식염수를 모르핀이라 속이고 주사했다. 식염수를 모르핀으로 알고 있던 병사들은 더 이상 고통을 호소하지 않았다. 심지어 팔다리 절단 수술도 받을 수 있게 되었다.

결국 모든 것은 우리의 마음에서 비롯되고 결정된다. 성공과 행복도 우리의 마음에서 시작되어 행동으로 완성된다. 그 사실을 깨닫고 실천하면 행복하고 성공적인 삶을 살아갈 수 있는 사람이 되리라 믿어 의심치 않는다.

" 나에게는 하늘이 주신 세 가지의 은혜가 있습니다. 첫째로 가난한 집에서 태어났기 때문에 부지런히 일해야 살 수 있다는 진리를 깨달았고, 둘째로 약하게 태어났기 때문에 건강의 소중함을 깨달아 90세를 넘길 때까지 건강하게 살 수 있었으며, 셋째로 초등학교도 졸업하지 못했기 때문에 이 세상의 모든 사람을 스승으로 삼았던 것입니다. 이 세 가지가 제 성공의 비결이었습니다. 지금 우리가 겪는 고통과 어려움의 시간들이 시련의 시간들이라면 이것이 곧 성공을 위한 축복의 시간들입니다."

마스시다 전기의 창업자인 마스시다 고노스케는 시련과 역경의 삶을 제공해 준 세 가지 불행을 오히려 축복이라고 생각했다. 그 결과 그는 위대한 성공을 할 수 있었던 것이다. 그처럼 어렵고 힘겨운 현실 속에서도 우리의 마음에서 그것을 어떻게 받아들이고 어떻게 대처해 나갈 것인가에 따라 우리가 맞이하게 되는 내일의 모습은 전혀 다르게 바뀌게 된다. 성공과 행복은 우리의 외부 환경에 달린 것이 아니라, 바로 우리 내면에 달려 있다.

그러므로 우리 안에서부터 성공을 하자. 우리 내면에서 우리가 성취하고 이루었다면 그것은 이내 곧 외부 세계로 이어지게 되고, 현실이 되어 눈앞에 나타나게 될 것이다. 마음에서부터 성공과 행복의 기술을 연습하고 성취해 낼 때 우리의 외부와 우리의 삶은 성공과 행복으로 가득 차게 될 것임을 의심치 않는다.

끝으로 랠프 왈도 에머슨의 말을 통해 진정한 성공에 대해 다시 한 번 되새겨 보자.

"자주 많이 웃는 것, 현명한 사람에게 존경받고 아이들에게 사랑받는 것, 정직한 비평가의 찬사를 받는 것, 친구의 배반을 참아 내는 것, 아름다움을 구별할 줄 알고, 다른 사람에게서 최선을 발견하는 것, 건강한 아이를 낳든 한 뙈기의 정원을 가꾸든 사회 환경을 개선하든 자신이 태어나기 전보다 세상을 조금이라도 살기 좋은 곳으로 만들어 놓고 떠나는 것, 그리고 자신이 한때 이곳에 살았음으로 해서 단 한 사람의 인생이라도 행복해지는 것, 그것이 진정한 성공이다."

판권

초판 인쇄: 2025년 12월 01일
초판 발행: 2025년 12월 01일

발행인: 김병완
발행처: (주) 플랫폼연구소

출판등록: 제 2020-000075호

이메일: pflab2020@naver.com

주소:서울시 강남구 삼성동 116 백우빌딩 402호

ISBN 979-11-24195-11-6(03190)